TOUT A JESUS PAR MARIE

volumes qu com

catalogue :

...guent la série à laquelle apparient

...n, catéchisme, controverse ;
...oire du monde, des peuples, des pays ;
Voyages scientifiques, curieux ou édifiants
B S — Biographie Sacrée, vie des Saints ;
B P — Biographie Profane, vie des hommes illustre
P L — Poésie, Littérature, critique ;
H R — Histoires Récréatives, récits, contes, nouvelles

Le numéro d'ordre qui suit doit être, avec les let
ci-dessus désignées, exactement mentionné, toutes les f
qu'on demande un livre.

CATALOGUE

Des Livres de la Bibliothèque

DE

DE NOTRE-DAME DE GRACES

8, rue Saint-Nizier, au 3ᵐᵉ, Lyon.

A

1 in-8	Abbaye (l') de Cluny.	H	1
1 in-12	Abbé (l') Marcel, par R. de Navery.	H R	691
1 in-12	Abbé (l') Constantin, par Halévy.	H R	1591
1 in-12	Abnégation, par Mᵐᵉ Bourdon.	H R	743
1 in-12	Aboyeuse (l'), par R. de Navery.	H R	1443
1 in-12	Abrégé d'Anacharsis, par Barthélemy.	V	1
1 in-12	Abrégé de Policrate en Grèce, par Théis.	V	35
1 in-12	Abrégé de la vie des Philosophes, par Fénelon.	B P	100
2 in-12	Abrégé de l'Ancien Testament.	R	8
2 in-12	Abrégé de l'histoire d'Angleterre.	H	9
5 in-12	Abrégé de l'histoire ancienne, par Tailhé.	H	8

3 in-12	Abrégé de l'histoire de France, par Gabourd.	H	15
1 in-12	Abrégé des Voyages de Levaillant.	V	59
1 in-12	Académie chez bonne maman, par Mme de Stolz.	H R	894
1 in-8	Accord de la foi avec la raison.	P L	1
1 in-12	Actes des Apôtres, par de Ligny.	R	124
3 in-18	Actes des Martyrs, par Ruinart.	B S	1
3 in-12	» » »	B S	
1 in-12	Actes des Martyrs d'Orient.	B S	107
1 in-12	Accusé (l'), par R. de Navery.	H R	1261
2 in-18	Adalbert, ou l'Anacharsis chrétien.	H R	1
1 in-18	Adam, ou la Création, par de Walsh.	H R	2
1 in-18	Adélaïde de Lichtemberg.	H R	3
1 in-18	Adélaïde, ou le Bien pour le mal.	H R	445
1 in-12	Adélaïde, ou la Couronne de fer, par Mac-Cade.	H R	637
1 in-12	Adélaïde Capece Minutolo, par Mme Craven.	B P	179
1 in-12	Adélaïde de Witsburg, par le P. Marin.	H R	1
1 in-18	Adèle, ou la Pieuse villageoise.	H R	4
1 in-12	Adhemar de Belcastel.	H R	48
2 in-18	» »	H R	5
2 in-12	Adieux (les) du prêtre, par Raffray.	R	250
1 in-18	Admirable (l') mère des vertus.	R	1
1 in-18	Adolphe, par Mlle Trémadure.	H R	6
1 in-18	Adolphe et Hermance.	H R	7
1 in-18	Adolphe et Mélanie.	H R	8
1 in-18	Adolphe et Siméon.	H R	9
1 in-12	Adoption (l'), par Mme Bourdon.	H R	1284
1 in-12	Adrienne, par Mme de Savignac.	H R	4
1 in-12	A fond de cale, par Mayne Reid.	H R	1327
1 in-12	Afrique (l'), par un homme de lettres.	V	78
1 in-12	Afrique (l') centrale, par Lebrun.	V	6
1 in-4	Afrique (l') française, par Christian.	H	128
1 in-12	Agathe et Gustave, par de Margerie.	H R	625
1 in-12	Agathe ou la Première Communion, par Mme Bourdon.	H R	986
1 in-12	Age (l') d'or.	H R	164
1 in-12	Agitation (l') irlandaise depuis 1829, par O'Connel.	P L	44
1 in-12	Aglaé, par de Navery.	H R	847
2 in-12	Agnès de Lauvens, par Veuillot.	B P	48
1 in-18	Aveugle (l') ou la petite joueuse de luth, par Schmid.	H R	10

1 in-12	Aveugle (l'), par Miss Coddelle.	H R	801
1 in-8	Agonie (l') du genre humain, p. Ponchon.	P L	1
1 in-12	Aide-toi, le ciel t'aidera, par Mme Raymond.	H R	930
1 in-12	Aigle et Colombe, par Mlle Fleuriot.	H R	1070
1 in-18	Aimable moraliste, par Mme Raymond.	H R	17
1 in-12	Aimée, ou l'ange d'une famille.	H R	373
1 in-12	Alba la Japonaise, par C. d'Arvor.	H R	1293
1 in-12	Alaf le chevrier, par d'Aveline.	H R	726
1 in-12	A la mer, par Mayne Reid.	H R	659
1 in-12	Alberic de Foresta, par P. de Chazournes.	B P	196
2 in-12	Albert, ou le duel, par Boitorquet.	H R	285
1 in-18	Albertine, ou la connaissance de J.-C.	H R	11
1 in-12	Albina, ou la sainte modiste, par Mélot.	H R	372
1 in-4	Album du Dauphiné, par Gatier et Dubelle.	H R	33
1 in-18	Album d'Eléonore, par Mlle Benoit.	H R	12
1 in-18	Album des enfants, par Morel.	H R	392
2 in-4	Album du Lyonnais, par Boitel.	H R	4
1 in-4	Album du Vivarais, par A. Duboy.	H R	5
1 in-8	Alda l'esclave, par Miss Strickland.	H R	57
1 in-18	Alexandre, ou les avantages d'une éducation chrétienne.	H R	13
1 in-12	Alexandre, ou la peste de Marseille.	H R	794
1 in-18	Alexis, ou le jeune artiste, par P. Marcel.	H R	367
1 in-12	Allez-y, par Mme Dufor.	H R	1230
2 in-12	Alfred et Casimir.	H R	2
1 in-12	Alfred et Charles, par Doublet.	H R	262
1 in-12	Alfred et Campbell, ou le jeune voyageur en Egypte, par Hoffland.	V	43
1 in-12	Alfred, ou le jeune voyageur en France.	V	44
1 in-12	Alger pendant cent ans, par Orse.	V	99
1 in-8	Algérie (l') chrétienne, par Egron.	H R	154
1 in-12	Algérie (l') chrétienne, par Egron.	H R	88
1 in-8	Algérie (l') de la jeunesse, par Christian.	H R	86
1 in-8	Algérie (l') moderne, par Roy.	H	102
1 in-18	Alliances bénies, par Lebon.	R	148
1 in-12	Alice et Clotilde, par Mme Fallet.	H R	605
1 in-12	Alice, 1re expérience dans le monde.	H R	394
1 in-12	Aline et Marie, par M. A. A. S.	H R	3
2 in-12	Alix, par Mlle Fleuriot.	H R	984
1 in-18	Almanach (l') de l'atelier.	H R	448

1 in-18	Almanach du coin du feu	H R	449
1 in-18	Allons au ciel, par le cardinal Bona.	R	110
1 in-12	Alphonse, ou puissance de la vertu.	H R	688
1 in-18	Alphonse de Mirecourt, par d'Exauvillez.		15
1 in-12	Alphonse et Philippe, par Mlle Brun.	H R	582
1 in-18	Alphonse et Philippe.	H R	16
1 in-8	Alpes et Pyrénées, par M. de Tastu.	V	18
2 in-12	Alsaciens (les), par Mlle Trémadure.	H R	376
2 in-8	Alton-Parck.	H R	1
1 in-12	Amalia Corsini, par Doublet.	H R	6
1 in-18	A Marie gloire et amour.	H R	18
1 in-12	Ambition et simplicité, par Mme Farrenc.	H R	425
1 in-12	Ambition et sagesse, par Mme Fallet.	H R	597
1 in-12	Amélie, ou le triomphe de la religion, par Bernier.	H R	310
1 in-8	Amélina, Godefroy et Augustin, par Baignoux.	H R	9
1 in-12	Aménophis, par de Chantal.	H R	424
1 in-18	Ame (l') affermie, par Baudrand.	R	2
1 in-18	Ame (l') consolée, par Mlle Celliez.	R	7
1 in-18	Ame (l') contemplant les grandeurs de Dieu.	R	6
1 in-18	Ame (l') élevée à Dieu, par Baudrand.	R	4
1 in-12	Ame (l') élevée à Dieu.	R	1
1 in-12	Ame (l') embrasée de l'amour divin.	R	2
1 in-18	Ame (l') embrasée.	R	5
1 in-12	Ame (l') éclairée, par Baudrand.	R	222
1 in-18	Ame (l') éclairée, par Baudrand.	R	3
1 in-18	Ame (l'), entretiens de famille.	H R	19
1 in-18	Ame (l') fidèle, par Baudrand.	R	8
1 in-18	Ame (l') intérieure, par Baudrand.	R	9
1 in-18	Ame (l') pieuse avec Dieu, par Bussen.	R	117
1 in-18	Ame (l') pénitente, par Bussen.	R	10
1 in-18	Ame (l') religieuse, par Baudrand.	R	11
1 in-12	Ame (l') sanctifiée, par Mme de Carcado.	R	4
1 in-18	Ame (l') sanctifiée, par Baudrand.	R	12
1 in-18	Ame (l') sur le Calvaire, ou Pensez-y bien, par Baudrand.	R	13
1 in-12	Ame (l') sur le Calvaire, par Mme de Carcado.	R	5
2 in-12	Ame (l') unie à J.-C. dans le Saint-Sacrement, par Mme de Carcado.	R	3
1 in-12	Ame (l') religieuse, par Baudrand.	R	256
1 in-12	Amérique (l').	V	80

1 in-12	Amice de Guermeur, par H. Violeau.	H R	1023
1 in-8	Amicie, ou la patience conduit au bonheur.	H R	169
1 in-12	Amies (les) des jeunes personnes, par Sanquin.	H R	593
1 in-12	Amies (les) de pension.	H R	176
1 in-18	Amies (deux) de pension, par Mlle Gouraud.	H R	400
7 in-4	Ami (l') des jeunes filles, par Mme Drohojowska.	H R	15
1 in-12	Amis (les) de collége, par Mme Farrenc.	H R	194
1 in-18	Ami (l') de l'enfance.	B S	33
1 in-12	Ami (l') des peuples.	P L	35
1 in-18	Ami (l') inconnu.	H R	383
1 in-12	Ami (l') du riche et du pauvre.	R	6
1 in-18	Amis (les) du régiment.	H R	20
1 in-12	Ami (l') zélé des pécheurs.	R	7
2 in-18	Amour envers J.-C., par Liguori.	R	14
1 in-18	Amour envers J.-C., par Liguori.	R	14
1 in-32	Amour envers J.-C., par Liguori.	R	1
1 in-12	Amour filial, par Barrau.	H R	779
1 in-32	Amour de Jésus pour les hommes.	R	10
1 in-8	Amour d'une mère, par Nieritz.	H R	88
1 in-8	Anabaptistes (les), par de Bussière.	H	129
1 in-8	Anacharsis en Grèce, par Jouhauceau.	V	35
1 in-12	Anacharsis Indien ou les voyageurs en Asie, par Mirval.	V	2
1 in-12	Anna, par Mme de Marlès.	H R	7
1 in-12	Anna Maria ou deux chemins dans la vie, par A. le Conteur.	H R	733
1 in-12	Anna-Maria Taigi, par Huguet.	B P	99
1 in-8	Annales de la Visitation.	B P	81
1 in-8	Annales de l'Archiconfrérie.	R	89
23 in-8	Annales de la Propagation de la Foi.	V	31
1 in-18	Anatole ou les épreuves de la piété, par Logeais.	H R	21
9 in-18	Année chrétienne ou vie des Saints, Croiset.	R	57
2 in-18	Année (l') du chrétien, par Letourneur.	R	116
2 in-12	Année (l') consacrée à Marie, p. Muzzarelli.	R	149
1 in-18	Année consolante.	R	120
1 in-12	Année de Marie.	H R	30
1 in-12	Année (une première) dans le monde.	H R	135
1 in-12	Année (une) de la vie d'une femme, par Mlle Fleuriot.	H R	976

1 in-12	Ancien (l') Testament.	R	8
1 in-8	Andeiys (des) au Havre, par Mme Tosta	V	25
1 in-12	Andrée d'Effauges, par Mme Bourdon.	H R	1131
1 in-18	André, ou le bonheur de la piété, par Mme Farrenc.	H R	22
1 in-12	Andréas, ou le prêtre soldat, par Devoille.	H R	270
1 in-8	Anecdotes de la bienfaisance, par Fromageot.	B P	1
1 in-12	Anecdotes chrétiennes, par Reyre.	H R	8
1 in-12	Anecdotes chrétiennes, par de Solbery.	H R	451
1 in-12	Anne d'Angleterre, par Swith.	B P	108
1 in-12	Anne Gertrude, par Bélière.	B P	159
1 in-12	Anne de Geierstein, par d'Exauvillez.	H R	187
1 in-12	Anne-Marie, par Mme Bourdon.	H R	952
1 in-18	Anne-Marie de Montaigu.	B P	16
1 in-12	Anne-Marie de Montmorency, p. David.	B P	120
1 in-12	Anne de Noaille, marquise de Montaigu.	B P	168
1 in-12	Anne de Xaintonge, par Armontz.	B S	52
1 in-12	Annette, ou l'enfant de la charité, par Niogret.	H R	237
1 in-8	Annette, ou l'influence de la vertu, par de Braye.	H R	85
1 in-18	Annette, suivie de Béatrix.	H R	25
2 in-12	Annuaire de Marie.	R	157
1 in-12	Ange (l') du bagne, par R. de Navery.	H R	844
1 in-18	Ange (l') conducteur,	R	15
1 in-18	Ange (l') consolateur.	R	16
2 in-12	Ange (l') de l'Eucharistie.	R	293
1 in-12	Ange (l') de la famille, par A. Desvès.	H R	915
7 in-8	Ange (l') gardien.	H R	67
1 in-12	Ange (l') gardien, par S. de la Madelaine.	H R	92
1 in-12	Ange (l') de l'Italie, par Boucharin.	B S	119
1 in-12	Ange (l') d'Israël, ou gloire de la Bible.	H R	677
1 in-8	Ange (l') de la maison, par de Saintes.	H R	161
1 in-12	Ange (l') de la maison, par de Saintes.	H R	96
2 in-12	Ange (l') de paix, par Mme Manceau.	H R	95
1 in-12	Ange (l') du pardon, par M. de Bray.	H R	739
1 in-12	Ange (l') des prisons, par Bellerive.	H R	426
1 in-12	Ange (l') protecteur, par Salzemann.	H R	93
1 in-12	Anges (les) de la vallée.	H R	509
1 in-12	Angèle de la Clorivière, par Petit.	H R	911
1 in-18	Angelina, ou la belle prisonnière.	H R	399
1 in-18	Angeline de Mazili.	H R	24

1 in-12	Angeline, ou la solitaire de la roche blanche, par Berger.	H R	224
1 in-12	Anglais (les) au pôle nord.	V	54
1 in-8	Angleterre (l') sous les Edouard, par Todière.	H	82
1 in-8	Animaux (les) historiques, par Fournier.	H R	14
1 in-18	Animaux et plantes, par Mlle Tremadure.	H R	167
1 in-12	Animaux (les) industrieux, par Albert.	P L	56
1 in-12	Anselme et Célestine, par Ricard.	H R	1135
1 in-12	Antiquaire (l'), par d'Exauvillez.	H R	93
1 in-12	Antiquités nationales, par Bouteville.	H	82
1 in-12	Antonia, par Beunion.	H R	907
1 in-18	Antonio, ou l'orphelin de Florence.	H R	28
1 in-8	Antonio.	H R	194
3 in-12	Antonins (les), an de Jésus-Christ 69 à 180, par de Champagny.	H	110
1 in-12	Antoine et Joseph, par Mme Farrenc.	H R	341
1 in-18	Antoine, ou le bon père de famille.	H R	27
1 in-12	Antoine, ou le retour au village, par Valette.	H R	318
1 in-12	Antoinette Lemire, par Mme Bourdon.	H R	745
1 in-12	Antoinette de Mont-Joie, par Tissot.	H R	1393
2 in-12	Apologie de la religion chrétienne, par Bergier.	P L	1
1 in-12	Apolline, par Mme Vattier.	H R	793
2 in-8	Apostolat de la femme catholique, par Ventura.	R	98
1 in-8	Apôtres (les) de la charité, par Talet.	B S	54
1 in-8	Apôtres (les) de la charité, par Talet.	B P	70
1 in-8	Appel (de l') comme d'abus, par Mgr de Paris.	R	33
1 in-12	Après-midi (les) du bois Thibault, par Postel.	H R	1316
1 in-12	Après le travail, par S. de la Madelaine.	H R	9
1 in-18	Arbre (l') jugé par les fruits.	H R	30
2 in-18	Arche (l') du peuple.	P L	31
1 in-12	Archéologie chrétienne, par Bourassé.	P L	31
1 in-12	Architectes (les) et les sculpteurs.	B P	125
1 in-12	Aridités (les) dans l'oraison.	R	138
1 in-12	Aristide et Idalie, par Mme Delafaye-Bréhier.	H R	10
1 in-8	Armand Ranty, par L. de Réné.	H R	178
1 in-18	Armand, ou le petit garçon indépendant, par Guizot.	H R	29

1 in–18	Armes offertes aux faibles, par Mittiot.	R	92
1 in–12	Armelle Trahec, par Mˡˡᵉ Fleuriot.	H R	1077
2 in–8	Arsenal du catholique, par Regnault.	P L	34
1 in–18	Art (l') d'apprendre en riant les choses sérieuses.	P L	22
1 in–12	Art (l') d'arriver au vrai, par Balmès.	P L	70
1 in–12	Art (l') de la conversation, par Huguet.		99
3 in–18	Art (l') épistolaire, par Jauffret.	P L	1
1 in–18	Art (l') de rendre heureux ce qui nous entoure, par Carron.	R	17
2 in–18	Art (l') de traiter avec Dieu, par Laucinius.	R	130
1 in–12	Art (l') de traiter avec Dieu.	R	140
1 in–12	Art (l') de voyager, par Huguet.	V	121
1 in–18	Arthur Daucourt.	H R	32
1 in–12	Arthur et Laure, par Guichard.	H R	283
1 in–12	Arthur et Théobald, par Champagnac.	H R	189
1 in–18	Artisan (l') chrétien.	H R	31
1 in–12	Artisans (les) célèbres, par Valentin.	B P	65
1 in–12	Artiste (l') franc-comtois, par Laurent.	H R	1331
1 in–12	Asie (l') et l'Amérique, par Piton.	V	3
1 in–12	Asie (l') d'après les voyageurs les plus célèbres.	V	79
1 in–12	Asie (l'), par une Société d'hommes de lettres.	V	78
1 in–12	Astre (l') du soir, par Devoille.	H R	694
1 in–12	Ateliers (les) de Paris, par Lelièvre.	H R	355
1 in–8	Athanase, par Mulher.	B P	20
1 in–18	Athlètes chrétiens, par Monaix.	H R	33
1 in–12	Attributs de Dieu, par la Luzerne.	R	10
1 in–12	A travers l'Afrique, par Mᵐᵉ Rousseau.	V	90
1 in–18	Auberge (l') dangereuse, par Micheland.	H R	34
1 in–12	Auberge (l') de la mort, par Lamothe.	H R	1045
1 in–8	Auguste Marceau.	B P	80
1 in–12	» »	B P	7
1 in–18	Auguste ou le pâtre de Dettenheim, par P. Marcel.	H R	35
1 in–12	Auguste et Thérèse, par Mᵐᵉ des Sablons.	H R	158
1 in–18	Auguste et Victorine.	H R	36
1 in–12	Aumóne (l').	R	102
1 in–8	Aumônier (l') du régiment, par Mᵐᵉ de la Rochère.	H R	133
1 in–12	Auprès des malades, par Précy.	H R	729
1 in–12	Au pays des Maronites, par Mᵐᵉ d'A-viau de Piolan.	H R	1584
2 in–12	Aurelia, par Quinton.	H R	305

1 in-12	Aurélie, ou le monde et la piété, par d'Exauvillez.	H R	11
1 in-12	Aurélie et Mathilde, par Doublet.	H R	323
1 in-12	Auréole (l') de la Vierge, par de Grenade.	R	197
1 in-8	Australie (l'), par Roy.	V	11
1 in-12	Autour de la Lune, par J. Verne.	H R	1338
1 in-12	Autour du Lac, par de la Blanchère.	H R	1461
1 in-12	Autour de l'Eglise, par le général Ambert.	H R	1493
2 in-18	Automne (l'), par Mlle Brun.	H R	37
1 in-18	Automne (l'), par Mlle Brun.	H R	453
1 in-12	Au delà des Monts, par de Caloën.	V	123
1 in-8	Aux incrédules et aux croyants.	P L	38
1 in-12	Au jour le jour.	H R	1221
1 in-18	Auxiliatrices (les) du purgatoire, par Blot.	R	179
1 in-12	Aventures d'un Alsacien, par Lamothe.	H R	1050
1 in-12	Aventures d'un berger, par Margerie.	H R	760
1 in-12	Aventures de Carver, par Mullock.	H R	336
1 in-8	Aventures d'un gentilhomme, par de la Landelle.	H R	27
1 in-12	Aventures d'un jeune naufragé, par Mme Filleul-Petigny.	H R	600
1 in-12	Aventures de Jean-Paul Chopart, par L. Desnoyers.	H R	633
1 in-12	Aventures de Fernand Cortès, par Lebrun.	B P	1
1 in-12	Aventures de Nigel, par d'Exauvillez.	H R	381
1 in-12	Aventures et embuscades, par de la Landelle.	H R	1556
2 in-12	Aventures de Robinson Crusoë.	H R	139
1 in-12	Aventures de Roger, par Mme Delafaye-Bréhier.	H R	414
1 in-12	Aventures du roi Louis, par de Servan.	H R	1193
1 in-12	Aventures (les) d'un rural, par Mlle Fleuriot.	H R	1276
1 in-12	Aventures de trois Russes et trois Anglais, par J. Verne.	H R	1185
1 in-12	Aventures de Télémaque.	P L	2
1 in-12	Aventures d'André, suivi de En Hollande, par C. Marcel.	H R	1471
1 in-12	Aventures de Robert-Robert, par L. Desnoyers.	H R	620
1 in-12	Aventures des voyageurs, par Woilez.	H R	311

4 in-12	Aventures des voyageurs, par Blanchard.	V	67
1 in-12	Avec et sans dot, par Marcel.	H R	1347
1 in-18	Avertissement de la Providence,	R	139
1 in-12	Avocats et paysans, par R. de Navery.	H R	748
1 in-12	Avocats de l'Isère, par Laurent.	H R	1330

B

1 in-12	Babylone (de) à Jérusalem, par la comtesse de Hahn-Hahn.	R	247
1 in-12	Bague (la) d'argent, par Audeval.	H R	1160
1 in-12	Balances (les) du bon Dieu, par Mme Angélique.	H R	857
1 in-12	Balle (la) d'Iéna, par Charles Deslys.	H R	1108
1 in-12	Bandits célèbres au XIXe siècle.	H R	719
1 in-12	Banque (la) du diable, par de Margerie.	H R	1227
1 in-18	Barque (la) du pêcheur.	H R	40
1 in-18	Barque (la).	H R	195
1 in-12	Barnabas Wilk, par Mme de Lalaing.	H R	1243
1 in-18	Bastien, ou le dévouement filial, par Mme Farrenc.	H R	41
1 in-12	Bastien, par Mme Farrenc.	H R	185
1 in-12	Batailles navales.	V	4
1 in-12	Batelier (le) du Tibre, par de Lagrange.	H R	1007
1 in-12	Batelière (la) de Venise, par Louise Diar.	H R	912
1 in-12	Bâton (le) perdu, par J. Loyseau.	H R	1103
1 in-12	Baudouin de Constantinople, par Cahours.	B P	112
1 in-12	Béatitudes (les), par Mme Bourdon.	H R	617
1 in-12	Béatrix, par L.-P. Maréchal.	H R	1163
1 in-12	Beaux exemples, par Mme Gardeton.	H R	13
1 in-12	Beaux (les) jours de Marie-Antoinette.	B P	195
1 in-8	Beaux (les) jours de l'Eglise naissante, par Carron.	H	2
1 in-18	Beau (le) soir de la vie, par Carron.	R	18
1 in-12	Beaux traits de l'histoire.	H R	14
1 in-12	Beaux traits du jeune âge, par Tréville.	H R	16
1 in-12	Beaux traits des naufrages, par Gervais.	H R	15
1 in-12	Beautés de la sainte Bible, par Guillou.	R	147
1 in-12	Beautés de Buffon, par M. Dufraynois.	P L	69
2 in-12	Beautés du culte catholique, par de Propriac.	R	246
1 in-12	Beautés des croisades, par Tropiac.	H	76
2 in-12	Beautés du Christianisme, par Nougaret.	R	227
1 in-12	Beautés du Christianisme, par Caillot.	R	12

1 in-12	Beautés des études de la nature, par Bernardin.	P L	73
2 in-12	Beautés de la foi, par le P. Ventura.	P L	42
1 in-12	Beautés des lettres édifiantes, par Caillot.	V	69
1 in-12	Beautés de l'histoire d'Allemagne, par Nougaret.	H	75
1 in-12	Beautés de l'histoire de Hollande, par Mme de Beaumont.	H	89
2 in-12	Beautés de l'histoire naturelle.	H R	73
12 in-12	Beautés de l'histoire romaine, par Tailhé.	H	25
1 in-12	Beautés de l'histoire sainte, par de Propiac.	P L	19
2 in-12	Beautés de l'histoire des voyages.	V	74
2 in-8	Beautés de l'histoire des voyageurs, par Jouhanneaud.	V	40
1 in-12	Beautés de la morale chrétienne.	R	221
1 in-12	Beautés de la morale chrétienne, par de Propiac.	R	238
2 in-12	Beautés des orateurs sacrés, par Boinvillat.	P L	67
2 in-12	Beautés de Plutarque.	P L	63
2 in-12	Beautés de la nature en France.	H R	125
1 in-12	Belles (les) années, par Mme Bourdon.	H R	987
1 in-12	Belle (la) étoile, par P. Féval.	H R	1545
1 in-12	Belle (la) Isaure, par Mme de la Rochère.	H R	1264
1 in-18	Benjamin ou l'élève des écoles chrétiennes.	H R	42
1 in-12	Bérangère, par Mlle d'Ethampes.	H R	1497
1 in-12	Berger (le) du Béage, par Fertiault.	H R	1485
1 in-12	Bergère (la) de Beauvallon, par Ory.	H R	792
1 in-18	Bernard et Armand.	H R	44
1 in-8	Berthe et Théodoric, par Champagnac.	H R	115
1 in-32	Berthe, ou l'écran.	H R	2
1 in-12	Berthe d'Altemard, par Mme Curo.	H R	1288
1 in-4	Berquin, l'ami des enfants.	H R	13
2 in-8	Berquin l'ami de l'adolescence.	H R	64
1 in-8	Berquin, le livre des familles.	H R	65
1 in-18	Berquin catholique.	H R	45
1 in-12	Berquin du hameau, par Rainal.	H R	348
17 in-18	Berquin, œuvres, historiettes.	H R	46
1 in-8	Berquin, Sandfort et Merton.	H R	66
1 in-18	Bible (la) des familles.	R	85
1 in-8	Bible (la) des familles.	R	54
1 in-32	Bible (la) de l'enfance.	H R	3

23 in-4	Bibliographie catholique.	H R	40
36 in-12	Bibliothèque des pères, par Guillon.	R	211
2 in-18	Bibliothèque Saint-Gervais.	H R	42
1 in-8	Bibliothèque de la jeune fille, par Mlle Trémadure.	H R	3
1 in-8	Bienfaits du Catholicisme, par Pinard.	P L	3
1 in-12	Bienfaits du Christianisme, par Benard.	P L	97
1 in-18	Bienfaits du Christianisme.	R	19
1 in-12	Bienfaits de l'adversité, par de la Madeleine.	H R	175
1 in-18	Bienfaits des missionnaires, par Bourgoing.	R	10
2 in-18	Bienfaits de la religion, par Delacroix.	R	21
1 in-18	Bienfaits de la religion.	R	22
1 in-12	Bienfaiteurs de l'humanité, par de Beaufort.	B P	2
1 in-8	Bienfaisance publique de Rome, par de Bazelaire.	R	31
1 in-12	Bilboche ou l'éducation de la nécessité, par de Saintes.	H R	211
1 in-12	Bigarette, par Mlle Fleuriot.	H R	1099
2 in-8	Biographie de l'ancien et du nouveau Testament.	B S	39
4 in-12	Biographie des jeunes gens, par Beauchamp.	B P	3
1 in-4	Biographie lyonnaise, par Péricaud.	B P	9
5 in-4	Biographie universelle, ou dictionnaire historique.	B P	38
1 in-12	Blanda, par J. Bousquet.	H R	1092
1 in-12	Blandine et ses compagnons, p. H. Gout.	H R	786
1 in-12	Blanca, par My.	H R	973
1 in-12	Blessé (le) de Gravelotte, par Deslys.	H R	1238
1 in-12	Blanche de Bourbon, par Derves.	B P	71
1 in-12	Blanche et noire.	H R	1312
1 in-12	Blanche de Savenay.	H R	384
1 in-12	Blanche neige, par C. de Chandeneux.	H R	1133
1 in-12	Blanche de Castille, par Daurignac.	B P	167
1 in-8	Blanche de Silva, par Mme Parvel.	H R	442
1 in-12	Bons (les) enfants, par de Ségur.	H R	777
1 in-12	Bons (les) fils, par Mme de Forgam.	H R	231
1 in-32	Bon (le) Fridolin, par Mme de Forgam.	H R	4
1 in-12	Bon (du) langage, par Mme Drohojowska.	P L	91
1 in-12	Bons (les) paysans, par d'Exauvillez.	H R	56
1 in-18	Bon (le) paysan, ou Thomas converti.	H R	53
1 in-18	Bon (le) Curé, d'Exauvillez.	H R	49

1 in-12	Bons (les) apôtres, par Loiseau.	H R	1315
1 in-18	Bon sens du peuple.	H R	54
1 in-12	Bon (le) sens du père Richard, p. Vedrine.	H R	334
1 in-12	Bon (le) séminariste.	B S	5
1 in-18	Bon (le) voisin.	H R	436
1 in-12	Bon (le) catéchiste.	R	252
1 in-18	Bons exemples.	H R	50
1 in-12	Bonne (la) cousine, par Mlle Celnart.	H R	97
1 in-12	Bonne (la) étrenne, ou le livre de prix.	H R	20
1 in-18	Bonne (la) Fridoline.	H R	52
1 in-12	Bonnes (les) gens, par Testas.	H R	1202
1 in-18	Bonne (la) mère, par de St-Gervais.	H R	362
2 in-12	Bonne (la) sœur ou les trois orphelins, par Mme Manceau.	H R	299
1 in-12	Bonasse, par Mlle Fleuriot.	H R	1465
1 in-12	Boîte (la) de plomb, par R. de Navery.	H R	1480
1 in-18	Bonheur (le) des époux chrétiens.	H R	340
1 in-12	Bonheur de la famille, par Mlle Curo.	H R	734
1 in-18	Bonheur d'une famille chrétienne.	H R	51
1 in-12	Bonheur de la religion, par de Bray.	H R	738
1 in-12	Bonheur de l'argent, par Mme Guerrier de Haupt.	H R	1458
1 in-12	Bonheur (le) de la vicomtesse, p. Helhem.	H R	1592
1 in-12	Bonté (la) de Dieu.	H R	378
1 in-8	Bords (les) du Rhône, par Balaydier.	H R	63
1 in-8	Bossuet de la jeunesse.	R	93
1 in-12	Botanique de la jeunesse.	H R	128
1 in-18	Bouquet (le) de rose.	H R	57
1 in-12	Bourdaloue, retraite.	R	11
1 in-32	Bourse (la).	H R	5
1 in-18	Braconniers (les).	H R	55
1 in-18	Bramines (les), par Lemercier.	H R	56
1 in-12	Branche (la) de rumex, par Marie Angélique.	H R	755
1 in-12	Bretons et Vendéens, p. Mlle d'Ethampes.	B P	154
1 in-12	Brillante époque de l'histoire de France.	H	52
1 in-8	Bruno.	H R	173
1 in-12	Bruno.	H R	403
1 in-12	Bruyères bretonnes, par Mlle d'Etampes.	H R	1392
1 in-12	Bûcheron (le) de Longchaumois, par de Beauchêne.	H R	1439
1 in-8	Buffon, par Saucie.	H R	24
9 in-8	Bulletins de la Société de St-Vincent de Paul.	H R	150
1 in-12	But (le) de la vie, par Roger.	H R	1153

C

1 in-12	Cabane (la) de l'ile d'Helgoland, par d'Aveline.	H R	774
1 in-12	Cabane (la) du pêcheur.	H R	58
1 in-12	Cabinet (le) du jeune naturaliste, par Joubert.	P L	65
6 in-12	Cabinet (le) du jeune naturaliste, par Joubert.	P L	65
1 in-12	Cabinet (le) du jeune naturaliste, par Joubert.	P L	65
1 in-12	Cadette, par Mlle Fleuriot.	H R	1457
1 in-12	Cachemir et Thibet, par Ernoult.	H R	1223
1 in-8	Cadok, par Mlle Fleuriot.	H R	107
1 in-12	Calby ou les massacres de Septembre, par Boaça.	H	103
1 in-8	Callista, ou tableau historique du troisième siècle, par Newman.	H R	137
1 in-8	Calomnie et vérité, par Gathier.	R	48
1 in-12	Calvaire et Thabor, par Nicolas.	R	268
1 in-8	Campagnes d'Afrique en 1830, par Fernet.	H	20
1 in-8	Campagnes de Russie, par Labaume.	H	3
1 in-12	Camisards (les), par Lamothe.	H R	963
1 in-8	Canada (le), par de Lambel.	H R	95
1 in-12	Cap (le) aux ours, par Lamothe.	H R	1254
4 in-8	Capitaines (les) français, par Mazas.	B P	3
1 in-12	Capitaine (le) aux mains rouges, par R. de Navery.	H R	1020
1 in-12	Capitaine (le) Ferragus, par Lamothe.	H R	1298
1 in-8	Capitaine (le) Rougemont, par Ménard.	H R	34
2 in-12	Capitaine (un) de quinze ans, par Jules Verne.	H R	1299
1 in-12	Capitaine (le) Tancreuil, par de Margerie.		1345
1 in-4	Capitaine (un) de quinze ans, par Jules Verne.		51
1 in-12	Capitaine (le) de la Fayolle, par Alphonse Pieyre.		1494
1 in-12	Captifs (les) du Czar, par Archier.	H R	549
1 in-12	Captivité (la) de Louis XVI.	B P	6
1 in-18	Captivité de Louis XVI.	B P	1

1 in-18	Captivité de Louis XVII.	B	P	8
1 in-12	Captivité de Pie VII, par de Beaucamp.	B	P	5
1 in-18	Caractères de la Bruyère.	P	L	2
1 in-12	Caractères de la Bruyère, par M. D. G.	P	L	4
1 in-8	Caractères ou mœurs de ce siècle.	P	L	73
1 in-12	Caravane (la), par Tallou.	H	R	1318
1 in-18	Carême populaire, par Thomas.		R	80
1 in-18	Carême populaire, par Thomas.	H	R	59
2 in-8	Cardinal (le) Consalvi, par Crétineau-Joly.		H	164
2 in-8	Cardinal (le) Pacca, par Simonet.		H	44
1 in-12	Cardinal (le) Pacca, par Simonet.		H	100
1 in-12	Cardinal (le) Georges d'Amboise, par Bellerive.	B	P	129
2 in-8	Cardinal (le) Fesch, par Lyonnet.	B	P	17
1 in-12	Cardinal (le) de Bérulle.	B	P	94
1 in-18	Cardinal (le) de Bérulle.	B	P	13
1 in-8	Cardinal (le) Ximénès, par Héfélé.	B	P	75
1 in-18	Carnaval (le) sanctifié par les douleurs de Marie.		R	23
1 in-8	Caroline de Terville, par Mme de la Rochère.	H	R	116
1 in-18	Caroline de Jurançon.	H	R	61
1 in-18	Caroline, par Mme M. G. D.	H	R	60
1 in-18	Caserne et presbytère, par A. de Ségur.	H	R	438
1 in-12	Castel et Chaumière, par Barbier.	H	R	602
1 in-12	Catéchisme de Bellarmin.		R	12
5 in-12	Catéchisme de Charancy, par Bourdon.		R	13
1 in-18	Catéchisme (le) chrétien.		R	25
1 in-12	Catéchisme de Collet.		R	15
2 in-8	Catéchisme du Concile de Trente.		R	29
2 in-12	Catéchisme de Guillois.		R	12
1 in-12	Catéchisme historique, par Fleury.		R	219
1 in-18	Catéchisme de l'Université.	H	R	376
1 in-8	Catéchisme de la foi et des mœurs chrétiennes, par de Lantage.		R	52
8 in-8	Catéchisme de persévérance.		R	2
2 in-12	Catéchisme de Surin.		R	15
1 in-12	Catéchisme de Combet.		R	12
1 in-8	Cathédrales (les) de France, par Bourassé.		H	37
1 in-12	Catherine Giary, par Miss Mason.	H	R	736
1 in-12	Catherine Hervey, par Mme Bourdon.	H	R	1096
1 in-12	Catherine Trésize, par A. Karr.	H	R	1169
1 in-8	Catherine d'Aragon, par A. du Boys.	B	P	64

1 in–12	Catholicisme (le) et le Protestantisme, par Coumailleau.	P L	43
1 in–8	Catholicisme (du) dans les sociétés modernes, par Raymond.	R	38
1 in–4	Catholique (le), magasin religieux.	H R	3
1 in–12	Causeries, par Mˡˡᵉ Karr.	H R	1038
1 in–12	Causeries d'une mère, par Delarban.	H R	30
1 in–8	Causeries en famille, par L. Lambert.	H R	189
1 in–12	Causeries et nouvelles, par Mˡˡᵉ Fleuriot.	H R	982
1 in–8	Causeries du soir, par A. de Milly.	H R	64
1 in–12	Caverne (la) de Vaugirard, par Bouniol.	H R	1199
1 in–12	Cavalière (la), par P. Féval.	H R	1539
1 in–12	Cécile, ou le fauteuil de la grand'mère.	H R	627
1 in–18	Cécile, ou la jeune organiste, par Mˡˡᵉ Benoît.	H R	371
1 in–12	Cécile de Raincy, par Mᵐᵉ Guermante.	H R	422
1 in–18	Cécilia, ou la jeune infortunée, par Ménard.	H R	88
1 in–12	Cécilia, ou la jeune infortunée, par Périgaud.	H R	1532
1 in–12	Céline, ou l'influence d'un bon caractère, par Mᵐᵉ Manceau.	H R	22
1 in–12	Cellule (la) de Françoise, par Mˡˡᵉ de Lortal.	H R	1289
1 in–12	Cent (les) merveilles des sciences et des arts, par de Marlès.	P L	53
1 in–18	Cent petits contes.	H R	62
1 in–12	Cendrillon·(la) du village, par R. de Navery.	H R	846
1 in–12	Ce pauvre vieux, par Mˡˡᵉ Fleuriot.	H R	1030
1 in–12	Cercle (le) de fer, par Devoille.	H R	569
2 in–8	Césars (les), par le comte de Champagny.	H	107
1 in–12	Chaîne (une) invisible, par Mˡˡᵉ Fleuriot.	H R	979
1 in–12	Chaire (la) de vérité, par Férichon.	R	176
1 in–12	Chalet (le) des sapins, par P. Chazel.	H R	1205
1 in–12	Chalet (le) des miroirs, par P. Antoine.	H R	1206
1 in–12	Chalet (le) de maître Hoffman, par A. des Essarts.	H R	875
1 in–12	Chapelle (la) Bertrand, par de Locmaria.	H R	811
1 in–12	Chambre (la) de la grand'mère, par Mˡˡᵉ Moniot.	H R	933
1 in–12	Champ (le) de blé, par Mazure.	P L	98

1 in-12	Champ (le) de roses, par A. des Essarts.	H R	1309
1 in-12	Champion (le) de la sorcière, par C. de Plancy.	H R	650
1 in-12	Chanceliers (deux) d'Angleterre, par Ozanam.	B P	4
1 in-12	Chancellor (le), par J. Verne.	H R	1333
1 in-8	Chants de l'adolescence.	P L	51
1 in-12	Chants historiques extraits de Sylvio Pellico.	H R	196
2 in-12	Charité (la) et la misère à Paris.	H R	17
1 in-12	Charité aux enfants, par Mullois.	H R	665
2 in-12	Charité (la) chrétienne, par le comte de Champagny.	H R	305
1 in-18	Charité (la), par M. L. D.	H R	65
1 in-12	Charité (la), légendes, par Mme Bourdon.	H R	713
1 in-12	Charité (la) envers le prochain, par Pallu.	R	16
2 in-12	Charité (la) mène à Dieu, par Archer.	H R	274
1 in-12	Chariot (le) d'or, par H. Cauvain.	H R	1451
1 in-12	Charles Ier et Olivier Cromwel, par Todière.	B P	131
1 in-8	Charles VI, les Armagnac et les Bourguignons, par Todière.	H	63
1 in-8	Charles VI, par Todière.	B P	53
1 in-12	Charles VIII, par Todière.	B P	86
1 in-12	Charles, ou l'ouvrier vertueux, par Mme Farrenc.	H R	256
1 in-12	Charlemagne, ou l'enfant du pauvre.	H R	436
1 in-12	Charmes (les) de la société chrétienne.	H R	192
1 in-18	Charmes (les) de l'hermitage.	H R	63
1 in-18	Chartreuse (la), par Schmid.	H R	64
1 in-8	Charrue (la) et le comptoir, par Devoille.	H R	124
1 in-12	Chasse (la) au Roi, par P. Féval.	H R	1538
1 in-12	Chasse (la) au léviathan, p. Mayne-Reid.	H R	1582
1 in-18	Chat et Chien.	H R	447
1 in-8	Château (le) de Bois-le-Brun.	H R	102
1 in-12	Château (le) et la chaumière.	H R	335
1 in-18	Château (le) de Malpertuis, par d'Exauvillez.	H R	66
1 in-12	Château (le) de Maiche, par Devoille.	H R	900
2 in-12	Château (le) de Montlhéry, par de Vareux.	H R	763
1 in-12	Château (le) de la Pétaudière, par Mme de Pitray.	H R	1210
1 in-12	Château (le) de Valrange.	H R	510

1 in-12	Château (le) de Vildemborg, par J. de St-Gengis.	H R	724
1 in-12	Château (le) de Valbonne.	H R	453
1 in-12	Château (le) de velours, par P. Féval.	H R	1245
1 in-12	Château (le) des Abymes, par R. de Navery.	H R	1502
1 in-12	Château à vendre, par A. de Courcy.	H R	1563
1 in-12	Châtelain (un) au XIXᵉ siècle, par Mˡˡᵉ Guerrier de Haupt.	H	1523
in-8	Châtelaines (les) de Roussillon, par Mᵐᵉ de la Rochère.	H R	167
1 in-8	Chaumière, cloître et palais, par Driou.	H R	91
1 in-32	Chaumière irlandaise.	H R	8
1 in-8	Chaumière irlandaise.	H R	196
1 in-18	Chaumière irlandaise.	H R	67
1 in-12	Chêne et roseau, par Mˡˡᵉ Vattier.	H R	1286
1 in-8	Chefs-d'œuvre (les) de Dieu, par P, Binet.	P L	64
4 in-12	Chefs-d'œuvre (les) de Bossuet.	P L	31
1 in-8	Chefs-d'œuvre (les) de l'homme, par Delastre.	P L	63
1 in-8	Chefs-d'œuvre (les) de Jean-Louis Racine.	P L	6
1 in-12	Chefs-d'œuvre de Fénelon.	P L	30
1 in-12	Chef-d'œuvre (le) d'un condamné, par E. Marcel.	H R	1422
1 in-12	Chef (le) au bracelet d'or, par Mayne-Reid.		1507
1 in-12	Chemin (le) du bonheur, par E. Marcel.	R	276
1 in-12	Chemin (le) et le but, par Mˡˡᵉ Fleuriot.	H R	821
1 in-18	Chemin (le) des écoliers, par S. de la Madeleine.	H R	68
1 in-12	Chemin (le) du Paradis, p. R. de Navery.	H R	656
1 in-12	Chercheur (un) d'or, par E. Marcel.	H R	1552
1 in-12	Cheval (le) blanc, par F. Nettement.	H R	908
1 in-12	Chevalier (le) aux armes vertes, par Des Journaux.	H R	1053
1 in-12	Chevaliers (les) de l'écritoire, par R. de Navery.	H R	1398
1 in-12	Chevaliers (les) de la Croix Blanche, par Buet.	H R	1512
1 in-12	Chevalier (le) de l'ordre Teutonique, par de Ruilly.	H R	264
1 in-12	Chevalier (le) Ténèbre, par P. Féval.	H R	1547
1 in-12	Chez le conseiller, par E. Marlitt.	H R	1252

1 in-12	Chez les Magyars, par G. du Vallon.	H R	1483
1 in-12	Chez les autres, par Maryan.	H R	1568
1 in-8	Chinois (les), par C. de la Giraudière.	H	50
1 in-18	Choix de beaux exemples.	H R	420
1 in-12	Choix d'une femme, par R. de Navery.	H R	955
1 in-32	Choix d'histoires morales.	H R	9
1 in-8	Choix de lettres édifiantes.	V	8
1 in-12	Choix de lettres de saint Bernard.	P L	58
1 in-12	Choix (le) d'un mari, par R. de Navery.	H R	954
1 in-12	Choix (le) de Suzanne, par Mlle Rogron.	H R	1085
1 in-12	Choix des meilleurs morceaux de Bossuet.	R	17
1 in-12	Choses (les) de l'autre monde, par Bautain.	P L	15
1 in-12	Chouans et bleus, par P. Féval.	H R	1548
1 in-12	Chrétien (le) brûlant d'amour.	R	28
1 in-12	Chrétien (le) dans le monde, par de Ste-Foi.	R	175
1 in-12	Chrétien (le) en solitude, par Crasset.	R	31
1 in-18	Chrétiens (les) en Syrie.	H R	450
1 in-12	Chrétien (le) inconnu, par Bondon.	R	260
1 in-8	Chrétiens (les) sous Néron, par Lecler.	H	59
1 in-12	Chrétiennes (les) de la cour, par Mme Drohojowska.	H R	1002
1 in-12	Chrétienne (la) de nos jours, par Bautain.	R	283
1 in-12	Christ (le) devant le siècle, par R. de Lorgues.	P L	7
2 in-18	Christ (le) naissant, par P. Drexelius.	R	22
1 in-12	Christ (le) et les sophistes, par Bonneau.	R	246
2 in-8	Christianisme (le) au Japon, par Charlevoix.	H	4
2 in-18	Christianisme (le) au Japon, par M. D. L. C.	H	1
6 in-18	Christianisme (le) présenté au monde, par Fénelon.	R	1
1 in-8	Christianisme (le) et les philosophes, par Lahure.	R	72
3 in-12	Christianisme (le) et les temps présents, par Bougaud.	R	307
1 in-18	Christine, ou religion dans le malheur.	H R	84
2 in-12	Christophe Colomb, par Lorgues.	V	116
2 in-8	Christophe de Beaumont, archevêque de Paris, par Regnault.	B P	108

2 in-12	Chroniques de France (petites), par Mazure.	B P	83
1 in-12	Chroniques de Grégoire de Tours, par Roy.	H	2
1 in-8	Chroniques de Godefroy de Bouillon, par Colin.	H	76
2 in-12	Chroniques de France, par Mazure.	H	1
1 in-4	Chronologie historique des Papes, par L. de Mas-Lastrie.	H	78
2 in-8	Chute (la) de Rome, par L.-R. de Bellevue.	H	64
1 in-12	Cid (le) Campeador, par de St-Fargeau.	H	64
1 in-18	Ciel (le) trouvé, par Lebon.	R	151
1 in-8	Cieutat (les) ou siége de Villeneuve-d'Agen, par E. Nyon.	H R	29
1 in-12	Cinéas, par Villefranche.	H R	1115
1 in-12	Cinq semaines en ballon, par J. Verne.	H R	1334
1 in-12	Cinquante histoires, p. E. de Margerie.	H R	646
4 in-12	Cinquante proverbes, p. E. de Margerie.	H R	482
2 in-12	Circassienne (la), par L. Enault.	H R	1188
3 in-8	Cité (la) de Dieu, par saint Augustin.	R	1
2 in-12	Cité (la) mystique de Dieu, par Marie de Jésus.	R	263
6 in-12	Cité (la) mystique de Dieu, par Marie d'Agreda.	R	285
1 in-12	Civilité (la) en images et en actions, par de Savigny.	H R	300
1 in-8	Civilisation (la) chrétienne chez les Francs, par Ozanam.	H	84
1 in-8	Claire de Rive.	H R	191
1 in-12	Claire et Hélène, par Dréamges.	H R	486
1 in-12	Claude de la Colombière, par Pouplard.	R	300
1 in-12	Clé (la) d'or, par Mlle Fleuriot.	H R	828
1 in-18	Clémence, ou la sainte Communion, par Flamand.	H R	70
1 in-12	Clemencia, par Caballero.	H R	1228
2 in-18	Clémentine, ou le modèle des chrétiens.	H R	69
1 in-12	Clémentine, ou les suites d'une indiscrétion.	H R	496
1 in-12	Clergé (le) de France, par Hacquart.	R	145
1 in-12	Cléricale, par Mme de Chandeneux.	H R	1486
1 in-8	Clocher (le) du village, par Guénot.	H R	33
1 in-12	Cloche (la) de la chapelle.	H R	438
1 in-12	Cloches (les), par Blondel.	H R	586
1 in-12	Cloche (la) de Louville, par Devoille.	H R	634

1 in-12	Cloître (le) rouge, par R. de Navery.	H R	1157
2 in-12	Clotilde de France, reine de Sardaigne, par J. Remy.	B S	13
1 in-18	Clotilde, ou l'élève des Sœurs.	H R	71
1 in-12	Clotilde, ou nouvelle civilité, par Mme Tarbé des Sablons.	H R	400
1 in-12	Clotilde, ou le triomphe de la religion, par Fataise.	B P	96
1 in-12	Clotilde, par Mme des Sablons.	H R	1118
1 in-12	Clos (le) paisible, par E. de Margerie.	H R	1588
1 in-12	Clovis et son époque.	B P	87
1 in-12	Cluny et Saint-Germain-des-Prés, par Mme Drohojowsha.	H R	699
1 in-8	Cœur (au) chrétien, par P. Mathieu.	R	73
1 in-12	Cœurs dévoués, par A. des Essarts.	H R	624
1 in-12	Cœur immaculé de Marie, par Boiteux.	R	303
1 in-12	Cœur (un) de mère, par Mlle Fleuriot.	II R	886
1 in-12	Cœur (un) pur, par Archier.	H R	1194
1 in-12	Cœur de soldat, par Mme de Chandeneux.	H R	1535
1 in-12	Coffret (le) d'ébène, par Mme Fallet.	H R	488
1 in-12	Coiffes (les) de sainte Catherine, par R. de Navery.	H R	1503
1 in-12	Coin (le) du feu, par Mlle Lebrun.	H R	349
1 in-12	Coin (le) du feu, par Souvestre.	H R	611
1 in-32	Coin (le) du feu.	H R	10
1 in-12	Colbert, histoire, par A. de Serviez.	B P	57
2 in-12	Collége (le) incendié, par Mme Delafaye-Brehier.	H R	392
1 in-12	Collégiens (les), ou six semaines de vacances, par Carroy.	H R	188
1 in-12	Colons de Mettray.	H R	333
3 in-12	Colons de Van Diemen.	H R	335
1 in-12	Colons (les) de Favianes, par Guénot.	H R	902
1 in-32	Colombe (la), par Schmid.	H R	11
2 in-12	Colonie chrétienne, par S. de Castres.	H R	24
1 in-18	Colporteur (le).	H R	72
1 in-18	Combats (le) spirituel, par le P. Scupoli.	R	29
1 in-12	Combats (les) de la vie, par Bouniol.	II R	570
1 in-18	Commandements (les) de Dieu et de son Eglise.	R	137
1 in-12	Compagnons (les) de Colomb, par H. Lebrun.	V	30
1 in-12	Compagnons (les) de la croix d'argent, par C. Just.	H R	1332

1 in-18	Compagnons (les) d'enfance, par Delacroix.	H R	73
1 in-12	Compagnons (les) du foyer, par de Balzac.	H R	1037
1 in-12	Compagnons (les) du silence, par P. Féval.	H R	1450
1 in-12	Contes (les) de Bretagne, par P. Féval.	H R	274
1 in-12	Comte (le) de la Ferronnay, par Walsh.	B P	67
1 in-8	Comte (le) Faoli, ou soirées romaines, par L. de Bellesrive.	R	55
6 in-12	Comte (le) de Valmont, par Gérard.	P L	6
3 in-8	Comte (le) de Valmont.	P L	92
1 in-8	Comte (le) de Valmont de la jeunesse.	P L	62
1 in-8	Comte (le) de Varfeuil, par d'Exauvillez.	B P	2
1 in-18	Conduite admirable de la Providence, par Liguori.	R	154
1 in-12	Conduite d'une dame chrétienne, par Carron.	R	259
1 in-12	Conduite de saint Ignace de Loyola, par Vatin.	R	159
1 in-12	Conduite pour passer saintement l'Avent, par le P. d'Avrillon.	R	129
1 in-12	Conduite pour passer saintement le carême, par le P. d'Avrillon.	R	19
1 in-12	Conduite pour passer saintement la Pentecôte, par le P. d'Avrillon.	R	20
2 in-12	Conférences aux Dames du monde, par Mgr Landriot.	R	295
1 in-8	Conférences aux Dames chrétiennes, par C. Gay.	B P	101
1 in-8	Conférences de Notre-Dame de Paris, par le P. Lacordaire.	R	97
3 in-8	Conférences de Notre-Dame de Paris, par le P. Lacordaire.	R	37
1 in-8	Conférences sur les grandeurs de Marie, par Combalot.	R	45
1 in-8	Conférences spirituelles, par Guilloré.	R	4
2 in-12	Conférences et discours inédits, par de Frayssinous.	R	32
2 in-12	Conférences du cardinal Wiseman.	R	5
1 in-8	Conférences des mères chrétiennes, par Gay.	B P	101
1 in-12	Confession auriculaire, par Guillois.	R	142
2 in-12	Confessions de saint Augustin.	R	22
1 in-12	Confession (de la) et de sa divinité.	R	143

1 in-12	Confession d'un ouvrier, par Souvestre.	H R	615
1 in-12	Confession (la) de la reine, par R. de Navery.	H R	1033
1 in-18	Confiance en Dieu.	R	30
1 in-12	Confiance en Dieu, par Nicolas.	R	21
1 in-12	Conformité de la religion chrétienne avec les besoins de la nature.	R	23
1 in-18	Conformité de la foi catholique, par Donnet.	R	173
1 in-12	Congé (le), par Mlle Fleuriot.	H R	1118
1 in-12	Conscience (la), par R. de Navery.	H R	1237
1 in-18	Conscience (la) comme il la faut, par Maréchal.	R	146
1 in-12	Connaissance (la) de Dieu, par Bossuet.	P L	8
5 in-8	Connaissance (la) de J.-C., par St-Jure.	R	3
8 in-12	Connaissance de J.-C.	R	24
1 in-8	Conquête de l'Angleterre, par Deviller.	H	92
1 in-12	Conquêtes (les) de Cortès, par Lebrun.	V	65
1 in-12	Conquête de Grenade, par Lemercier.	H	3
1 in-12	Conquête de l'Espagne, par de Marlès.	H	42
2 in-8	Conquêtes des Français, par Labédollière.	H	36
3 in-8	Conquêtes des Français.	H	36
1 in-12	Conquête du Pérou et histoire de Pizarre, par H. Lebrun.	H	38
1 in-12	Conquête du tombeau de J.-C., par Hunkler.	H	40
27 in-8	Conquêtes et victoires des Français.	H	36
2 in-18	Conseils à l'adolescence, par Mme Delafaye-Brehier.	H R	74
2 in-18	Conseils à l'enfance, par Mme Delafaye-Brehier.	H R	75
1 in-18	Conseils aux enfants du peuple, par Mme de Bassanville.	R	178
1 in-18	Conseils et exemples sur la sanctification du dimanche.	H R	77
1 in-12	Conseils aux domestiques, par Busson.	R	29
1 in-12	Conseils à mes élèves, par Mme Bernier.	H R	34
1 in-18	Conseils d'une mère à sa fille.	R	140
1 in-12	Conseils à une jeune fille, par Mme Drohojowska.	H R	181
1 in-18	Conseils à une femme chrétienne, par Fontaine de Resbecque.	R	31
1 in-12	Conseils pratiques aux mères chrétiennes.	R	156

1 in–12	Conseils aux ouvriers, par T. Barreau.	P L	78
1 in–8	Conseiller (le) des familles, par d'Exau-villez.	H R	54
1 in–12	Conseiller (le) de la jeunesse.	H R	664
4 in–12	Considérations chrétiennes pour toute l'année, par Crasset.	R	25
4 in–12	Considérations sur divers points de la morale, par de la Luzerne.	R	73
4 in–12	Considérations sur divers points de la morale, par de la Luzerne.	R	216
1 in–12	Considérations sur le dogme régénéra-teur, par Herbert.	R	177
1 in–12	Considérations sur la passion de Jésus-Christ, par de la Luzerne.	R	26
1 in–12	Considérations sur la propagation des mauvaises doctrines.	R	135
1 in–12	Consolations chrétiennes.	R	151
1 in–18	Consolations (les) du chrétien à sa der-nière heure.	R	122
1 in–18	Consolations chrétiennes, par Mme Cel-nar.	R	32
1 in–12	Constantin le Grand.	B P	56
1 in–12	Contes bretons, par P. Féval.	H R	1063
1 in–12	Contes de Bretagne, par P. Féval.	H R	275
1 in–12	Contes du Bocage, par E. Ourliac	H R	254
1 in–12	Contes de l'adolescence, par Miss Edge-worth.	H R	780
1 in–12	Contes à ma jeune famille, par Mallès de Beaulieu.	H R	33
1 in–12	Contes aux jeunes artistes, par Mlle Tré-madeure.	H R	551
1 in–12	Contes de la jeune tante.	H R	31
1 in–12	Contes d'une grand'mère, par Margerie.	H R	594
1 in–12	Contes d'une mère à sa fille, par Mallès de Beaulieu.	H R	28
1 in–12	Contes de la mère l'oie, par Mlle Tréma-deure.	H R	814
1 in–12	Contes moraux, par Saint-Léger.	H R	611
1 in–12	Contes maternels, par Mme Bernard.	H R	29
2 in–12	Contes à mon neveu, par Mme Cottis.	H R	32
1 in–8	Contes chinois, par Richomme.	H R	101
1 in–12	Contes de Schmidt.	H R	26
5 in–12	Contes historiques, par Mme Foa.	H R	278
1 in–12	Contes d'un promeneur, par E. de Mar-gerie.	H R	752

1 in-12	Contes de Noël, par Dickens.	H R	614
1 in-18	Contes de Noël, par A. Joanon.	H R	39
2 in-12	Contes et nouvelles, p. E. de Margerie.	H R	631
1 in-8	Contes vrais, par Mme Babeuf.	H R	15
1 in-8	Comtesse (la) de Gloswood, p. A. Lecler.	B P	91
1 in-12	Comtesse (la) de Montbeillard, p. Guenot.	H R	1343
1 in-12	Comtesse (la) de Semainville, p. Grunblot.	H R	1248
1 in-18	Conteurs allemands, par Krumacher.	H R	78
1 in-12	Conteurs russes, par Douhair.	H R	571
1 in-12	Contentement passe richesse, par Saint-Germain.	H R	628
4 in-12	Convulsions (les) de Paris, p. M. du Camp.	H R	1487
1 in-18	Conversation de dom Augustin.	H R	79
1 in-18	Conversation d'une mère avec ses enfants, par Mme Maussion.	H R	80
1 in-12	Conversation et récits, par A. de Milly.		841
1 in-12	Conversation sur plusieurs sujets de morale.	R	27
2 in-12	Conversion d'un juif, par Mid.	H R	25
1 in-12	Conversion d'une dame russe, par P. Gagarin.	H R	669
1 in-18	Conversion d'un pécheur, par Salazat.	R	33
1 in-18	Conversion du pianiste Hermann, par Gergères.	B P	18
1 in-12	Conversions remarquables parmi les protestants.	R	94
1 in-18	Conversions de soixante ministres anglais, par Gindon.	R	128
1 in-12	Coralie Delmont, par Mlle Monniot.	H R	934
1 in-32	Corbeille de fleurs, par Mme de Bassanville.	H R	12
1 in-12	Corbeille d'histoires, par P. Féval.	H R	1447
7 in-8	Correspondance d'Orient, par Michaud et Poujoulat.	V	56
1 in-18	Correspondance de famille sur le choix d'un ami.	H R	81
1 in-12	Correspondance de famille sur le choix d'un ami.	H R	216
1 in-12	Correspondance d'une élève du Sacré-Cœur, par Z. Delbet.	H R	706
1 in-12	Correspondance du père Lacordaire et de Mme Swetchine.	B P	170
2 in-18	Correspondance de Sophie.	H R	83
2 in-8	Correspondance d'un voyageur en Orient, par E. Boré.	V	16

1 in-12	Corsaire (le) rouge, par F. Cooper.	H R		991
1 in 8	Cosmogonie de la Bible, par Sorignet.	P L		93
1 in-12	Coupe d'or du sultan Zizim, par M. La-chèze.	H R		1452
1 in-12	Cour (la) du roi Dagobert, par C. de Plancy.	H R		566
1 in-12	Cour (la) de Versailles, par de Fraquet.	H		123
1 in-12	Cours d'histoire.	H		53
1 in-12	Cours d'histoire naturelle, par Edward.	H		47
1 in-12	Cours élémentaire de minéralogie, par Baudent.	H		45
4 in-12	Cours d'instructions familières, par Bo-nardel.	R		240
2 in-12	Cours d'instruction religieuse.	R		186
4 in-8	Cours de littérature profane et sacrée, par Collombet.	P L		4
6 in-8	Cours de littérature, par Dassance.	P L		78
1 in-18	Cours (petit) de morale.	R		34
2 in-12	Couronnes de l'année chrétienne, par Abelly.	R		71
1 in-18	Couronnes de la grâce.	R		123
1 in-12	Couronne d'or et couronne d'épines, par Mme de la Rochère.	H R		1256
1 in-8	Couronnes des saintes femmes, par Mme de Soucy.	B S		14
2 in-8	Couronnes des saintes femmes.	B S		14
1 in-12	Courtes démonstrations pour affermir la foi.	R		274
1 in-12	Cousine (la) de Lionel, par Mlle Maréchal.	H R		1129
1 in-8	Cousine Marie, par Mlle Gauraud.	H R		203
1 in-12	Couteaux (les) d'or, par P. Féval.	H R		1544
1 in-8	Coutumes, mythes et traditions, par de Nore.	H		153
1 in-12	Couteau (le) du bandit, par de Mircourt.	H R		1572
1 in-12	Couvent de Saint-Lazare à Venise, par E. Boré.	H R		402
1 in-12	Cratère (le), par F. Cooper.	H R		990
1 in-8	Création (la) de la terre, par de Serres.	P L		43
1 in-12	Créoles (les deux).	H R		5
1 in-8	Crimes et délits de l'Angleterre, par Cha-telet.	H		167
1 in-12	Crime (le) de Maltaverne, par Charles Buet.	H R		1150
1 in-12	Croisades (les deux) au moyen-âge.	H R		671
1 in-12	Croisés (les), par Devoille.	H R		695

1 in-18	Croix (la) au bord du chemin, par Ménard.	H R	368
1 in-18	Croix (la) de bois, par Schmid.	H R	85
1 in-12	Croix (la) sur la Baltique, par Biéchy.	H R	360
1 in-12	Croix (la) d'or, par Mest.	H R	885
1 in-12	Croix (une) d'or, par de Bussy.	H R	880
1 in-18	Croix (la) de la forêt, par Schmid.	H R	86
1 in-18	Croix (la) et l'épée.	H R	443
1 in-18	Croix (la) rendue légère.	R	103
1 in-12	Croix (la) du Sud, par Devoille.	H R	645
1 in-8	Croix (la) dans les deux mondes, par R. de Largues.	R	62
3 in-12	Culte (le) catholique de Marie, p. Sauceret.	R	193
1 in-12	Culte (le) de Marie, par Gergerès.	R	193
1 in-8	Culte (le) de la sainte Vierge, par Egron.	R	40
1 in-8	Curé (le) de campagne, par S. de la Madelaine.	H R	35
1 in-18	Curé (le) de Chavignat, par Guizot.	H R	87
1 in-12	Curieux (les) secrets des arts et métiers, par Labouche.	P L	54
1 in-12	Curieuses (les) origines, par E. Soulange.	P L	55
1 in-12	Curiosités naturelles de France, par Delastre.	P L	52
2 in-12	Curiosités universelles, par Propiac.	V	64

D

1 in-8	Dadas (les), par Niéritz	H R	90
1 in-12	Dame (la) de Châtillon, par Devoille.	H R	696
1 in-12	Dame (la) guerrière, par Audeval.	H R	1244
1 in-32	Dancourt et son fils.	H R	13
1 in-18	Danger de la légèreté dans le monde.	H R	89
1 in-12	Dans l'île nouvelle, morale d'un père à son fils, par Guillenet.	H R	37
1 in-18	Daniel Rigollot.	H R	434
1 in-12	Dauphine (la) mère de Louis XVI, par P. Régnault.	B P	183
1 in-12	Déceptions d'un républicain, par Bordot.	H R	682
2 in-12	Découverte de l'Amérique, par Campe.	V	5
1 in-12	Découverte de l'Amérique, par Lebrun.	V	5
1 in-12	Découvertes (les) les plus utiles.	H R	333
2 in-12	Découverte de la terre, par J. Verne.	V	421
2 in-8	Défense du christianisme, p. Frayssinous	R	68
3 in-12	Défense du christianisme.	R	32
1 in-12	Défense du christianisme, par Genoude.	R	32

2 in-18	Défense de l'Eglise, par Guilloré.	R	84
2 in-8	Défense de l'Eglise, par Gorini.	R	84
1 in-8	Déisme (le) réfuté, par Bergier.	P L	7
1 in-12	Déisme (le) réfuté par lui-même.	P L	10
1 in-8	Délais (sur les) de la justice divine, par J. de Maistre.	P L	12
1 in-12	Délassements avec mes jeunes lectrices, par Mlle Monniot.	H R	1000
2 in-12	Délassements de ma fille, par de Saintes.	H R	39
1 in-18	Délassements (des) permis, par Huguet.	R	53
1 in-12	Délassements de la soirée, par Pinard.	H R	536
4 in-4	Délassements utiles, par de Saillet.	H R	16
1 in-8	De la Loire aux Pyrénées.	V	19
1 in-12	De la terre à la lune, par J. Verne.	H R	1339
1 in-12	De la vie surnaturelle dans les âmes, par Mgr Mermillod.	R	286
1 in-12	De l'éducation.	P L	92
2 in-18	De l'éducation, par Carron.	H R	90
1 in-12	De l'éducation des filles, par Fénelon.	P L	13
1 in-18	De l'éducation des filles, par Fénélon.	P L	3
3 in-18	De l'Eglise catholique.	R	37
1 in-18	Délices de Fourvière, par H. Lebon.	R	115
1 in-18	Délices du genre humain, par Drexelius.	R	36
1 in-18	Délices de l'oraison, par Huguet.	R	38
1 in-12	Délices de la religion, par Lamourette.	R	33
1 in-8	Délices de la vertu, par Mlle Brun.	H R	28
1 in-18	Delphine, ou la langue sans frein.	H R	91
1 in-12	Demain, suivi de Mourade, par Miss Edgeworth.	H R	1232
1 in-12	Demoiselle (la) de compagnie, par Mlle de la Rochère.	H R	1126
1 in-12	Demoiselles (les) d'Héricourt, par Ory.	H R	790
1 in-12	Demoiselle (la) du paveur, par R. de Navery.	H R	1442
16 in-8	Démonstrations évangéliques.	R	24
1 in-12	Démonstration de l'existence de Dieu, par Fénelon.	R	187
1 in-12	Denise, par Mme Bourdon.	H R	817
1 in-18	Déodat ou l'ascendant de la religion.	H R	92
1 in-18	Député (le) père de famille.	H R	377
1 in-8	Derniers (les) des Césars de Bizance, par Todière.	H	160
1 in-18	Derniers jours d'un condamné, par Félix Robolde.	H R	93
1 in-12	Dernier (le) jour, par Reboul.	P L	41

1 in-12	Dernier (le) jour du monastère de Haute-combe, par Gache.	H R	449
1 in-12	Dernier (le) des Mohicans, par F. Cooper.	H R	964
1 in-8	Dernier (le) des Rabasteins, par A. Mazas.	B P	25
1 in-12	Dernier (le) des Rabasteins, par A. Mazas.	B P	164
1 in-12	Dernier (le) jour de Pompeï, par Lemercier.	H R	40
3 in-8	Dernières années de Louis XVI, par Malleville.	B P	6
1 in-18	Dernière (la) des Penthièvre, par Mme Foa	H R	370
1 in-12	Dernière (la) Vestale, par Lebrasseur de Bourbourg.	H R	508
1 in-12	Dierslayer le tueur de daims, par F. Cooper.	H R	968
1 in-12	Description de l'Amérique méridionale, par J.-G. Juan.	H	48
1 in-4	Description historique de la France.	H	115
1 in-12	Désert (le) de glace, aventures du capitaine Hatteras.	V	82
1 in-8	Destinées (les) du christianisme, p. Polge.	P L	33
1 in-12	Dette (la) de Ben-Aïssa, p. Mlle Maréchal.	H R	1272
1 in-18	Deux (les) Ambroise.	H R	103
1 in-18	Deux (les) apprentissages, par Fortunat.	H R	94
1 in-18	Deux (les) ateliers, par Mlle Brun.	H R	95
1 in-8	Deux (les) amis.	H R	176
1 in-12	Deux (les) bijoux, par Mlle Fleuriot.	H R	983
1 in-12	Deux (les) créoles, par Mme Saunders.	H R	5
1 in-12	Deux (les) destinées, par E. Marcel.	H R	1234
1 in-12	Deux chrétiennes de 1720, par C. de Ribbe.	H R	1112
1 in-12	Deux (les) enfants de Saint-Domingue, par Mlle Gouraud.	H R	1308
1 in-12	Deux (les) filles du squatter, par Mayne Reid.	H R	1189
1 in-8	Deux (les) filles de sainte Chantal.	B P	16
1 in-12	Deux (les) familles, par Mme Delafaye-Brehier.	H	38
1 in-18	Deux (les) frères, par Lemercier.	H R	102
1 in-12	Deux (les) héritages, par B. Bouniol.	H R	689
1 in-12	Deux (les) intérieurs, par Mme de Chabannes.	H R	871
1 in-12	Deux (les) jumeaux, par Hermann.	H R	507
1 in-12	Deux (les) maçons, par M. Banga.	H R	607
1 in-18	Deux (les) marins, ou le triomphe de l'amitié.	H R	352

1 in-12	Deux (les) moulins.	H R	678
1 in-12	Deux mois de prison sous la Commune, par Perny.	H R	1047
1 in-12	Deux mois loin de Paris, par Mme de Boden.	H R	1266
1 in-8	Deux mères, par Mme Colomb.	H R	23
1 in-12	Deux (les) ombres, par Devoille.	H R	1573
1 in-12	Deux orphelins mauvaise tête bon cœur, par Mme de Bray.	H R	740
1 in-12	Deux orphelins, par Mme Sainte-Marie.	H R	1010
1 in-12	Deux petits Robinsons, par Taulier.	H R	1322
1 in-12	Deux (les) reines, par M. de Stolz.	H R	1456
1 in-12	Deux Sœurs de charité, par H. de Pontrais.	H R	897
1 in-12	Deux traités sur la flatterie et sur la médisance.	R	111
1 in-12	Deux (les) veuves, par A. des Essarts.	H R	758
1 in-18	Deux (les) vallées, par L. de Busserolle.	H R	992
1 in-12	Devise (la) des Tréguennec, par L. Morvan.	H R	1569
1 in-12	Dévouement catholique pendant le choléra en 1849, par Guérin.	H R	467
1 in-12	Dévouement (le) fraternel, par Mme Woillez.	H R	1489
1 in-12	Dévouement d'un fils, par Berthon.	H R	428
1 in-18	Devoir d'une âme vraiment chrétienne, par Soyer.	R	40
1 in-18	Devoirs (les) d'une bonne réputation.	H R	426
1 in-12	Devoirs d'un cœur dévoué, par Peromy.		1296
1 in-18	Devoirs envers les pauvres, par Ste-Foy.	R	169
1 in-12	Devoirs des femmes dans la famille, par Chassay.	P L	86
1 in-12	Devoirs (les) d'une femme, par Archier.	H R	321
1 in-12	Devoirs des gens du monde, par Collet.	R	257
1 in-18	Devoirs (des) des hommes, par Silvio Pellico.	P L	9
1 in-12	Devoirs des hommes.	P L	4
1 in-18	Devoirs du jeune chrétien.	R	39
1 in-18	Devoirs des maîtres et des domestiques, par Fleury.	R	177
1 in-12	Devoir et récompense, par Champagnac.	H R	41
1 in-12	Devoirs des servantes, par d'Ervelange.	H R	708
1 in-8	Devoir et vertu.	H R	174
2 in-12	Dévotion à Jésus-Christ dans l'Eucharistie, par Vaubert.	R	35

1 in-18	Dévotion à la sainte Vierge, par le P. de Gallifet.	R	42
1 in-18	Dévotion aisée, par Lemoine.	R	112
2 in-18	Dévotion (la) réconciliée avec l'esprit, par Lefranc de Pompignan.	R	41
1 in-18	Dialogues entre deux chrétiens.	R	43
2 in-12	Dialogue de sainte Catherine de Sienne, par Cartier.	R	78
1 in-8	Dialogues sur l'éloquence, par Fénelon.	P L	77
1 in-8	Dianora, ou la vertu éprouvée dans les souffrances, par Berger.	H R	69
1 in-8	Dictionnaire d'antiquités chrétiennes, par Jacquier et Duesberg.	P L	84
10 in-12	Dictionnaire de la conversation, par Dukell.	P L	87
10 in-8	Dictionnaire de l'industrie, par Beaudrimont.	P L	50
2 in-12	Dictionnaire des hommes célèbres, par Leblond.	B P	122
2 in-8	Dictionnaire historique d'éducation, par Delacroix.	P L	60
4 in-12	Dictionnaire de la religion, par Nonotte.	R	174
1 in-12	Disciple (le) de Bossuet, par Duchaine.	P L	61
1 in-12	Disciple (le) de Fénelon, par Duchaine.	P L	62
1 in-12	Diego Ramir, par V. Doublet.	H R	277
1 in-8	Dieu devant le siècle, par Madrelle.	R	64
1 in-12	Dieu et ses dons.	R	294
1 in-2	Dieu pardonne ou les deux frères, par Mme d'Alteym.	H R	882
1 in-12	Dilexit, par Mme Martineau des Chesnez.	H R	1491
1 in-18	Dimanche (le) bien employé.	H R	96
10 in-8	Dimanche (le) des enfants.	H R	10
1 in-12	Dimanche (le), par Guérin.	R	210
1 in-8	Dimanche (le), par Le Courtier.	R	50
2 in-4	Dimanche (le) des familles, par Mme de Bassanville.	H R	2
1 in-18	Dimanche (le) des soldats, par de Ségur.	R	165
2 in-18	Dimanches (les) du vieux Daniel, par Mlle Trémadeure.	H R	359
1 in-8	Discours de Flavien et de Libanius, par Genin.	P L	5
3 in-12	Discours de Frayssinous.	R	32
4 in-12	Discours de Robina.	R	243

1 in-12	Discours de Wisemann.	P D	38
2 in-12	Discours sur l'histoire universelle, par Bossuet.	H	4
2 in-12	Dissertations sur la religion, par de la Luzerne.	R	36
1 in-8	Divinité du catholicisme, par Robert.	R	74
1 in-12	Divorcés, par R. de Navery.	H R	1444
1 in-12	Dix-huit ans chez les sauvages, par F. Michel.	H R	1154
1 in-18	Docteur (le) Morisot.	H	418
1 in-12	Docteur (le) Simon, par A. Millet.	P L	102
1 in-12	Docteur (le) Ox, par Jules Verne.	H R	1340
1 in-12	Doctrine chrétienne, par Lhomond.	R	192
1 in-12	Dogme du catholique, par Genoude.	R	37
1 in-12	Doigt (le) du commissaire, par P. Bion.	H R	1081
1 in-12	Dom Giovani, par Bresciani.	H R	939
1 in-12	Dom Juan, par Ravailhe.	B P	128
1 in-12	Dom Léo.	H R	201
1 in-18	Dom Léo.	H R	98
1 in-12	Dom Bosco, par d'Espiney.	B P	199
4 in-12	Dom Quichotte philosophe, par Hablard.	P L	11
1 in-12	Dots (les), par E. Nyon.	H R	282
1 in-8	Dorsigny (les).	H R	149
1 in-12	Douanier (le) de mer, par E. Berthet.	H R	1040
1 in-12	Double (un) sacrifice, par Daems.	H R	1054
1 in-18	Douce piété, par saint François de Sales.	R	44
1 in-12	Douze (les) enfants de la veuve, par Audeval.	H R	1166
1 in-12	Doute (le) et ses victimes, par Baunard.	B P	200
1 in-18	Drames, conversations et proverbes.	H R	100
1 in-18	Drames (les), par M. Sainte-Marie.	H R	99
1 in-8	Drame (les) de l'esclavage, par Driou.	H R	114
3 in-12	Drame et morceaux à l'usage d'un pensionnat.	H	217
1 in-12	Drame (un) au village, par Mlle Guerrier de Haupt.	H R	1595
1 in-12	Drame (un) dans la forêt Noire, par Gondry du Jardinet.	H	1357
2 in-12	Drames (les) de la misère, par R. de Navery.	H	1147
1 in-12	Drames (les) de l'argent, par R. de Navery.	H R	1559
1 in-12	Drames (les) du village, par Baudoin.	H	1130
1 in-12	Drames (les) des Champs-Elysées, par Audeval.	H	1197

1 in-12	Drame (un) en province, par E. Marcel.	H R	1550
1 in-12	Droit (le) d'aînesse, par Mme Bourdon.	H	715
1 in-8	Du catholicisme dans les sociétés modernes, par Raymond.	R	38
1 in-8	Ducs (les) de Bourgogne, par Valentin.	B P	4
1 in-8	Ducs (les) héréditaires de Normandie, par de la Porte.	H	109
1 in-8	Ducs (les) de Lorraine, par Noisy.	H	140
1 in-8	Duc (le) de Reichstadt, par M. de Montbel.	B P	5
1 in-12	Duchesse (la) Anne, par Le Galle.	H	439
1 in-8	Du symbolisme dans les églises du moyen-âge, par Maron.	P L	58
1 in-18	Duval, histoire véritable, par Glart.	H R	101
1 in-12	Dupes (les), par R. de Navery.	H R	1504

E

1 in-12	Echos de la littérature moderne et ancienne.	P L	101
1 in-12	Echange (un), par Mlle Carisson.	H R	1300
1 in-8	Eclair (l') avant la foudre.	P L	70
2 in-12	Ecole (l') du bonheur.	P L	12
1 in-18	Ecole (l') du hameau, par Mme Farrenc.	H R	104
2 in-12	Ecole des jeunes demoiselles, par Reyre.	H R	53
3 in-12	Ecole des mœurs, par Blanchart.	H R	52
1 in-8	Ecole (nouvelle) des mœurs, par Jouhanneau.	H R	42
2 in-8	Ecole (nouvelle) des mœurs, par Blanchart.	H R	71
1 in-12	Ecole de la piété filiale, par Vallos.	H R	54
1 in-12	Ecole des espions, par Witche.	H R	1239
2 in-12	Ecolier (l') ou Raoul et Victor, par Mme Guizot.	H R	396
1 in-18	Ecolier (l') vertueux, par Proyart.	B S	6
2 in-18	Ecolier (l') vertueux, par Caron.	R	134
2 in-12	Ecolier (l') vertueux, par Caron.	B P	98
1 in-8	Ecolier (l') vertueux, par Proyart.	B P	37
1 in-4	Economie (l') politique.	H	79
1 in-32	Ecrin (l'), par Nelk.	H R	14
2 in-8	Ecrits (les) de Marie Estelle.	B P	28
2 in-12	Ecrits (les) de Marie Estelle.	R	164
1 in-12	Ecrits (les) de Marguerite-Marie.	R	127
1 in-12	Ecumeur (l') de mer, par F. Cooper.	H R	988
1 in-12	Edith, par du Campfranc.	H R	1590

1 in-18	Edward Blackford.	H R		196
1 in-12	Edma et Marguerite, par Mme Woillez.	H R		1488
1 in-18	Edma, ou triomphe de la charité.	H R		409
1 in-18	Edmour et Arthur.	H R		360
1 in-12	Edmour et Arthur.	H R		58
1 in-18	Edmond, récit du xvᵉ siècle.	H R		353
1 in-12	Edouard de Termont.	H R		370
1 in-18	Edouard, ou le respect humain vaincu, par d'Exauvillez.	H R		105
1 in-12	Education (l') chrétienne, ou conseil d'une mère, par E. de Savigny.	H R		799
2 in-18	Education (de l') chrétienne, par Carron.	H R		90
1 in-12	Education (l') du cœur, p. Mme Fertinaux.	H R		1055
1 in-12	Education (l') d'Yvonne, p. Mlle Gouraud.	H R		789
1 in-12	Education (l') des femmes, par Mme de Bassanville.	H R		690
1 in-12	Education (l') des filles, par Fénelon.	P L		13
1 in-18	Education (l') des filles, par Fénelon.	P L		3
1 in-12	Education (l') des jeunes filles, par Mme Fallet.	H R		541
1 in-12	Education (l') par l'histoire sainte, par Rouzier.	H		92
1 in-12	Eglantines, par P. l'Olivier.	H		771
1 in-8	Eglise (l') catholique en Russie.	H		39
3 in-8	Eglise (de l') catholique.	R		37
1 in-8	Eglise (l') catholique vengée, p. Jacquinot	P L		37
1 in-8	Eglise (l') catholique, par Sabatier.	P L		54
1 in-8	Eglise (l') gallicane, par de Maistre.	R		47
2 in-12	Eglise (l') et l'Etat, par M. Dulac.	P L		76
1 in-12	Eglise (l') et le monde, par Berseau.	R		278
1 in-4	Eglises (les) de Paris.	H		74
1 in-12	Eglise (l') de Paris sous la Commune, par Rastoul.	H R		1321
1 in-8	Eglise (l') romaine défendue, p. C. Bulter.	R		95
3 in-8	Eglise (l') de Vienne, par Collombet.	H		67
3 in-8	Eglise (l') de France au moyen-âge, par Chatelet,	H		157
1 in-4	Elda de Kérénor, par Mme Tarbé des Sablons.	H R		18
2 in-12	Elévations à Dieu, par Bossuet.	R		38
1 in-18	Elévations à Dieu.	R		45
1 in-12	Elévations de l'âme à Dieu, p. Bellarmin.	R		39
1 in-12	Elévations sur les grandeurs de Jésus-Christ, par Beraillet.	R		146
2 in-12	Eliane, par Mme Craven.	H R		1509

1 in-12	Elisa de Montfort, par Frangarezzi.	H R	1015
1 in-18	Elisa et Marie, vie de deux enfants du catéchisme.	H R	108
1 in-12	Elisa, ou modèle de la piété filiale, par Foucault.	H R	51
1 in-8	Elisa Schumler, ou la Juive convertie, par S. Ory.	H R	193
1 in-18	Elisabeth et Émilie.	H R	382
1 in-18	Elisabeth, ou la charité du pauvre récompensée, par d'Exauvillez.	H R	107
1 in-8	Elisabeth, ou la charité par d'Exauvillez.	H R	187
1 in-12	Elisabeth, par Mme de Boden.	H R	1349
1 in-12	Elisabeth (Mme) de France, par Cordier.	B P	150
1 in-12	Elisabeth, ou résignation, par Delaville.	H R	489
1 in-12	Elisabeth, suivi de Ni trop ni peu.	H R	1407
1 in-12	Elisabeth (vie de la Mère) Rollat.	B P	217
1 in-12	Elise de Saint-Ange, par Taffin.	H R	480
1 in-12	Elise et Céline, par Ory.	H R	788
1 in-12	Elise, ou l'éducation particulière, par Blondel.	H R	585
1 in-18	Elise, par d'Exauvillez.	H R	109
1 in-8	Eloge historique et funèbre de Louis XVI, par Montjoie.	H	154
1 in-8	Emigrants (les), par Niéritz.	H R	77
1 in-18	Emigrants (les) au Brésil, p. A. Schoppe.	H R	112
1 in-8	Emile Arthenai, par Guenot.	H R	197
1 in-12	Emile Defaite, ou le modèle des ouvriers, par Richardin.	H R	558
1 in-12	Emile, ou le jeune agriculteur, par L. Saint-Germain.	R R	609
1 in-12	Emilie et Claudine.	H R	791
1 in-12	Emilie, ou la jeune fille auteur, par Mlle Trémadure.	H R	230
1 in-12	Emile, ou le jeune esclave algérien, par Mme d'Ast.	H R	418
1 in-12	Emilie, ou la petite élève de Fénelon.	H R	50
1 in-12	Emilianus, ou le soldat martyr, p. Hénart.	H R	754
1 in-12	Emilien, ou nouvelles lettres, par E. de Margerie.	R	292
1 in-12	Emilienne, par Mlle d'Ethampes.	H R	1155
1 in-18	Emmeline, ou la jeune musicienne.	H R	114
1 in-8	Emma et Adèle, par Roch.	H R	186
1 in-12	Emma et Marie, par de Montferrand.	H R	420
1 in-18	Emma, ou le modèle des jeunes personnes, par Guerinar.	H R	113

1 in–12	Emmanuel, par L. Mery.	H R	359
1 in–8	Empire (l') chinois, par Huc.	V	91
1 in–12	Empire (l') de la Foi.	H R	180
1 in–12	Empire de la vertu, ou l'influence morale de l'Evangile, par de la Bretonnière.	H R	257
1 in–12	Empoisonneurs (les), par Guénot.	H R	1342
1 in–12	Encouragements de la jeunesse, par Bouilli.	H R	881
1 in–18	Encouragements (les) du premier âge, par Raynal.	H R	115
1 in–12	Enfance (l') de Napoléon, p. de Beauterne.	H R	371
1 in–12	Enfant (un) gâté, par Mlle Fleuriot.	H R	1410
1 in–8	Enfants (les) célèbres.	B P	61
2 in–12	Enfants (les) célèbres, par Tréville.	B P	40
1 in–18	Enfants (les) de la campagne, par L. Bernard.	H R	116
3 in–12	Enfants (les) du capitaine Grant, par J. Verne.	H R	1184
1 in–12	Enfants (les) du bord du lac, par Mme Delafaye-Brehier.	H R	49
1 in–12	Enfant (l') des bois, par Berthet.	H R	1317
1 in–12	Enfants (les) d'Edouard, par Nieritz.	H R	44
1 in–8	Enfants (les) en famille.	H R	16
1 in–12	Enfant (l') de la maison noire, par O. de Poli.	H R	838
1 in–18	Enfant (l') de Marie.	R	48
1 in–8	Enfants (les) de Mérovée, par E. Nyon.	H R	50
1 in–12	Enfant (l') maudit, par R. de Navery.	H R	1415
1 in–12	Enfants (les) nantais, par Mlle d'E-thampes.	H R	1350
1 in–12	Enfant (l') prodigue, par R. de Navery.	H R	935
1 in–18	Enfant (l') prodigue (le retour).	H R	119
2 in–12	Enfants (les) de la Providence, par Mme Delafaye-Brehier.	H R	64
1 in–12	Enfant (l') de la Providence, par Devoille.	H R	697
2 in–12	Enfant (l') de la Providence, par A. Maurice	H R	286
1 in–18	Enfants (les) privilégiés, par Allibert.	H R	118
1 in–12	Enfants (les) d'Ernée, par J. de Kerlys.	H R	1586
1 in–8	Enfants (les) peints d'après nature.	H R	94
1 in–12	Enfants (les) de quinze ans, par Mme de Renneville.	H R	232
1 in–8	Enfants (les) studieux.	H R	99
1 in–8	Enfant (l') trouvé, par Nieritz.	H R	72

1 in-8	Enfant (l') de troupe, par Girard.	H R	38
2 in-12	Enfant (l') volé, par A. des Essarts.	H R	1310
1 in-18	Enfant (l') vertueux.	H R	120
1 in-12	Enfant (l') du vieux marin, par Carroy.	H R	138
1 in-12	Enfants (les) de la mer, par de la Landelle.	H R	1495
1 in-12	Enfantine (moralité), par Ortalon.	H R	343
1 in-12	Enfantines (poésies à ma fille), par Mme Ségalas.	H R	342
1 in-12	En Poitou, par Mme Maryan.	H R	1516
1 in-12	Entre parias, par Mme de Pitray.	H R	1425
1 in-12	Entrée (l') dans le monde, par Mme Guillon.	H R	1344
1 in-12	Entretiens d'Angélique, par une jeune personne.	R	40
1 in-12	Entretiens avec Jésus-Christ dans l'Eucharistie, par P. Dussaut.	R	43
1 in-18	Entretiens d'un berger et d'un missionnaire.	H R	121
1 in-12	Entretiens de Clotilde.	R	41
1 in-8	Entretiens d'un ministre protestant converti, par Esselinger.	P L	32
3 in-12	Entretiens d'un pasteur, par Girault.	R	203
2 in-12	Entretiens solitaires de l'exilé, par Leguay.	R	275
1 in-12	Entretiens spirituels, par Courbon.	R	42
1 in-8	Entretiens sur la chimie, par Ducoin-Girardin.	P L	30
1 in-8	Entretiens sur la physique, par Ducoin-Girardin.	P L	29
1 in-18	Entretiens sur les principales fêtes de l'année.	P L	135
1 in-8	Entretiens sur Jésus-Christ.	R	46
1 in-12	Envers (l') d'une dot, par Maryan.	H R	1564
1 in-12	Epagathus, par de Villeneuve.	H R	640
1 in-12	Epée (l') de Charles-Quint, par Servant.	H R	1119
1 in-4	Episodes chevaleresques, par A. Driou.	H R	27
1 in-12	Episode (un) des guerres de l'Espagne, par L. Méry.	H R	411
1 in-8	Episodes des guerres de l'Ouest, par Mme de la Rochère.	H R	134
1 in-12	Episodes du règne de Louis XII, par Lemercier.	H R	417
1 in-8	Epîtres et Evangiles.	R	61
1 in-12	Epîtres et Evangiles.	R	158

2 in-18	Epoux (deux) chrétiens.	H R	52
6 in-8	Ephémérides politiques, littéraires et religieuses.	H	104
1 in-12	Epreuves (les) d'une mère, par B. Bouniols.	H R	639
1 in-12	Epreuves (les) de la piété filiale.	H R	205
1 in-12	Epreuves (les) de la vie, par H. Bretonneau.	H R	1224
2 in-8	Eraste, ou l'ami de la jeunesse, par de Rhéville.	P L	8
1 in-12	Ermite (l') du Chimboraço, par de Merval.	V	45
1 in-8	Ermite (l') de Saint-Didier.	H R	172
3 in-12	Ermite (l') en Russie, par Dupré de Saint-Maur.	V	38
1 in-18	Ermite (l') roi.	H R	398
1 in-12	Ermite (l') du Mont-Olivier, par Guénot.	H R	1212
1 in-12	Ernest et Fortunat, par de Mirval.	V	47
1 in-18	Ernest et Louis, par Defont de Rosbecq.	H R	123
1 in-12	Ernestine ou les charmes de la vertu, par Mme Farrenc.	H R	27
1 in-12	Ernestine, ou les suites d'une indiscrétion, par d'Aurigny.	H R	27
1 in-12	Errants (les) de nuit, par P. Féval.	H R	1546
3 in-12	Erreurs de Voltaire, par Nonotte.	P L	36
1 in-4	Erudition (l') revue mensuelle.	H R	23
1 in-8	Espagne (l'), histoire et monuments, par Godard.	H	172
1 in-18	Espérance trompée, par Mme Sainte-Marie.	H R	124
1 in-12	Espérance, par M. Muller.	H R	795
1 in-18	Esprit du Père Avrillon.	R	118
1 in-12	Esprit (l') consolateur.	R	48
1 in-12	Esprit du Christianisme, par Nepveu.	R	44
1 in-8	Esprit du comte Joseph de Maistre, par Barthélemy.	P L	102
2 in-12	Esprit (l') et le cœur de saint Augustin, par Petit.	R	132
1 in-12	Esprit (l') de l'éducation, par Béésau.	P L	85
1 in-8	Esprit (l') de saint François de Sales, par Mgr Camus.	R	5
2 in-12	Esprit (l') de saint François de Sales.	R	45
1 in-12	Esprit (l') de la prière.	R	290
1 in-12	Esprit (l') de Pie IX, par Huguet.	H	122
6 in-8	Esprit des saints illustres, par Grimes.	R	88

2 in-12	Esprit (l') de sainte Thérèse, par Emery.	R	46
2 in-12	Esprit (l') de saint Vincent de Paul, par Ansart.	R	47
1 in-18	Essais dramatiques et moraux.	H	125
1 in-8	Essais historiques sur l'abbaye de Cluny, par Laurrain.	H	1
1 in-12	Essai sur le beau, par André.	P L	82
1 in-8	Essais sur l'origine des peuples anciens, par Naupier.	H	70
1 in-8	Essai sur l'indifférence en matière de religion, par de Lamennais.	P L	11
1 in-12	Esquisse entomologique, par Bourassé.	H R	174
2 in-12	Esquisse de Rome chrétienne, par Mgr Gerbet.	H	107
3 in-12	Etapes (les) de ma conversion, par P. Féval.	H R	1182
1 in-18	Eté (l').	H R	453
2 in-18	Eté (l'), par M�ᵉ Brun.	H R	126
1 in-4	Eté (l') sous les tilleuls, par Champagnac.	H R	8
1 in-12	Eternelle (l') félicité des saints, par Bellarmin.	R	49
1 in-12	Eternité (l') s'avance et nous n'y pensons pas, par de Geramb.	R	50
1 in-12	Etienne et Valentin, ou mensonge et probité, par Mˡˡᵉ Trémadeure.	H R	377
1 in-18	Etienne, par Marcel.	H R	127
1 in-12	Etoile (l') du matin, par Devoille.	H R	630
2 in-12	Etoile (l') du matin (1845-1852).	H R	497
1 in-8	Etoile (l') du matin.	H R	32
2 in-8	Etudes africaines, par Poujoulat.	V	33
1 in-12	Etudes de la doctrine catholique, par Nampon.	R	237
1 in-12	Etudes et notions historiques, par Mᵐᵉ Bourdon.	H R	1409
4 in-12	Etudes philosophiques, par Nicolas.	R	241
4 in-8	Etudes philosophiques sur le Christianisme, par Nicolas.	R	41
1 in-12	Etudes et récréations, par Mᵐᵉ Carroy.	H R	57
1 in-12	Etudes de Rollin.	H	83
1 in-8	Etudes sur saint François de Sales.	R	32
2 in-12	Eudolie, ou la jeune malade.	H R	128
1 in-8	Eudoxe, l'homme du xixᵉ siècle ramené à la foi, par de Rieux.	P L	90
1 in-12	Eudoxia, par Mᵐᵉ de Hahn-Hahn.	H R	19
1 in-18	Eugène, par Mˡˡᵉ Trémadure.	H R	130

1 in-12	Eugénie de Guerin, par Trébutin.	B P	162
2 in-18	Eugénie, ou lettres d'une jeune orpheline.	H R	390
1 in-12	Eugénie, ou la mémoire du cœur, par Mᵐᵉ Fallet.	H R	458
1 in-12	Eugène de Revel, souvenir des dernières semaines des années du xviiᵉ siècle.	H R	344
1 in-12	Eulalie et Mathilde, ou orgueil et modestie, par Doublet.	H R	323
1 in-12	Euphrasie, par Mᵐᵉ Bourdon.	H R	951
1 in-12	Eusèbe, ou les chrétiens au désert, par Weale.	H R	1341
1 in-32	Eustache.	H R	15
1 in-18	Eustache, ou épisode des premiers temps du christianisme.	H R	129
3 in-12	Evangile (l') en action, par Guillois.	B S	91
4 in-12	Evangile (l') en action, par M. D. S.	B S	99
1 in-12	Evangile (l') code du bonheur.	R	18
12 in-12	Evangile (l') médité pour tous les jours de l'année.	R	133
1 in-18	Eve dans l'Eden, par de Saint-Preuil.	P L	25
1 in-12	Eve, par Mˡˡᵉ Fleuriot.	H R	755
1 in-12	Evénement (l') de la Salette.	H	67
1 in-18	Excellence (l') et la pratique de la dévotion à la Ste Vierge, p. le P. de Gallifet.	R	42
1 in-18	Exemples de confiance en Dieu.	R	30
1 in-12	Exemples d'humanité, par C. Gardeton.	H R	55
1 in-12	Exemples moraux, par Mitraud.	H R	158
1 in-8	Exemples traçant le chemin de la vertu.	H R	175
1 in-18	Exemples de la vertu mis à la portée de la jeunesse.	H R	131
1 in-12	Exercices de saint Ignace.	R	47
1 in-18	Exercices pour se préparer à la mort.	R	75
18 in-18	Exercices de piété pour tous les jours de l'année, par Crozet.	R	239
1 in-12	Exilés (les) dans la forêt, par Mayne-Reid.	H R	702
1 in-18	Exilé (l') de Tadmor	H R	384
1 in-12	Exilé (l'), par Devoille.	H R	877
1 in-8	Existence (l') de Dieu.	R	89
1 in-12	Expiation (l') d'un père.	H R	1496
3 in-12	Explication (l') des Evangiles, p. de Langre	R	251
4 in-12	Explication (l') des épîtres de saint Paul, par de Picquigny.	R	130
1 in-12	Explication du catéchisme du diocèse de Lyon.	R	51
4 in-12	Explication du catéchisme, par Guillois.	R	206

1 in-8	Explication (l') des cérémonies de la messe.	R	26
6 in-12	Extraits historiques et morceaux des auteurs sacrés, par Bernier.	H R	136
1 n-12	Extatiques (les) du Tyrol, par Nicolas.	B P	64
1 in-12	Ezilda, ou la Zingara, par V. Doublet.	H R	306

F

1 in-4	Fabiola, par Wiseman.	H R	39
1 in-12	Fabiola, ou l'Eglise des catacombes.	H R	553
1 in-12	Fabienne et son père, par Mᵐᵉ Bourdon.	H R	601
1 in-18	Faits mémorables d'Angleterre, par Lingard.	H	124
1 in-12	Faits et récits contemporains, par de Cadoudal.	H R	735
1 in-18	Famille (la) africaine, ou l'esclave convertie, par Glatz.	H R	132
1 in-12	Famille (la) anglaise, ou l'union fait le bonheur.	H R	246
1 in-12	Famille (la) Aubry, par Mᵐᵉ Lebrun.	H R	502
1 in-12	Famille (la) bretonne, par Mˡˡᵉ Fleuriot.	H R	717
1 in-12	Famille (la) de Blanzac.	H R	382
1 in-12	Famille (la) Cazotte.	H R	365
1 in-12	Famille (la) de Celmar, par Mˡˡᵉ Nottret.	H R	855
1 in-18	Famille (une) française chez les Iroquois.	H R	133
1 in-12	Famille (la) Dorival, par de Beaulieu.	H R	43
1 in-18	Famille (la) d'Ormont.	H R	135
1 in-12	Famille (la) Harel, par Mˡˡᵉ Gouraud.	H R	1406
1 in-18	Famille (la) heureuse.	H R	136
1 in-18	Famille (la) de Kendal, par Mᵐᵉ Sainte-Marie.	H R	138
1 in-12	Famille (la) Kendal.	H R	1011
1 in-12	Famille (la), ou leçon de philosophie morale, par P. Janot.	P L	89
1 in-12	Famille (la) Luzy, par H. Marg.	H R	240
1 in-18	Famille (la) Luzy.	H R	137
1 in-12	Famille (la) Morand, par Mᵐᵉ Delafaye-Brehier.	H R	712
1 in-12	Famille (la) du grand-papa, par Mᵐᵉ Marceau.	H R	60
1 in-12	Famille (une) à Paris, par Mᵐᵉ de Witt.	H R	922
1 in-12	Famille (en), par Mᵐᵉ de Stolz.	H R	1136
1 in-12	Famille (la) d'un vieux célibataire, par B. Bouniols.	H R	641

1 in-12	Famille (la) Vernier, par Mme Fallet.	H R	598
1 in-12	Famille (la) Reydel, par Mme Bourdon.	H R	863
1 in-12	Famille (une) à la campagne, par Mme de Witt.	H R	1088
1 in-12	Famille (une) à la campagne, par Mme Guizot.	H R	163
1 in-12	Famille (une) des montagnes, p. de Nelly.	H R	366
1 in-12	Famille (la) de Selnac, par Mlle Brun.	H R	887
1 in-12	Famille (la) suisse, par Mlle Carroy.	H R	423
1 in-18	Famille (la) Sismond.	H R	139
1 in-12	Famille (la) Tholozan, par Mme Maréchal.	H R	1262
1 in-18	Famille (la) chrétienne, par Schmid.	H R	134
1 in-18	Famille (la) irlandaise.	H R	395
1 in-12	Fanchonnette, par Mlle Pichard.	H R	1354
1 in-12	Fanatisme dans la révolution, par La Harpe.	P L	14
1 in-12	Fanfarons (les) du roi, par P. Féval.	H R	1549
1 in-8	Fanny.	H R	40
1 in-12	Faraude, par Mlle Fleuriot.	H R	1561
1 in-12	Fastes et légendes du Saint-Sacrement par de Gaule.	R	282
4 in-8	Fastes de la France.	H	169
1 in-12	Fastes militaires de la France, p. Raillon.	H	74
1 in-12	Fastes de la marine, par Aubertuis.	H R	445
1 in-12	Faubourgs (les) de Paris, par Arnaud.	H R	703
1 in-32	Faucon (le).	H R	16
2 in-12	Faucheurs (les) de la mort, par Lamothe.	H R	993
1 in-4	Faucheurs (les) de la mort.	H R	50
1 in-12	Faustine, histoire d'une fermière, par Mme Bourdon.	H R	1513
1 in-12	Fauvette, par Mme de Stolz.	H R	1217
1 in-12	Fœdora la nihiliste, par Lamothe.	H R	1431
1 in-12	Fée (la) du logis, par Mme Drohojowska.	H R	1216
1 in-12	Féeries du travail, par Fertiault.	H R	1072
1 in-12	Félinis, par Guénot.	H R	891
1 in-18	Félix, ou la vengeance du chrétien.	H R	140
1 in-12	Femme (la) comme il la faut, p. Marchal.	H R	854
1 in-12	Femme (la) chrétienne, par Chassay.	R	196
1 in-12	Femmes (les) chrétiennes, par Rodière.	B S	79
1 in-12	Femme (la) chrétienne, ou vie de Virginie Bruni, par Ventura.	B P	113
1 in-12	Femme (une) apôtre, sa vie, ses lettres, par L. Aubineau.	B P	198
1 in-12	Femme (une) élégante, par Mme Raymond	H R	1180
1 in-12	Femme (la) forte, par Mgr Landriot.	R	287

1 in-8	Femmes (les) de l'Evangile, par Ventura.	R	86
1 in-12	Femmes (les) pieuses de la France, par Mᵐᵉ Drohojowska.	H R	1064
1 in-12	Femme (la) d'un officier, par Mᵐᵉ Bourdon.	H R	45
1 in-12	Femme (la) du sous-préfet, par Mᵐᵉ de Chabannes.	H R	958
2 in-12	Femme (la) pieuse, par Mgr Landriot.	H R	288
1 in-8	Femmes (les) illustres de France, par Mᵐᵉ Drohojowska.	B P	57
1 in-4	Femmes (les) illustres de l'Europe, de la France, par Mᵐᵉ Drohojowska.	B P	57
1 in-18	Fénelon de la jeunesse.	H R	143
1 in-12	Féréol, par T. Ménard.	H R	59
1 in-18	Ferdinand, histoire d'un jeune comte espagnol, par Schmid.	H R	401
1 in-32	Ferdinand.	H R	17
1 in-12	Ferdinand et Isabelle.	B P	141
1 in-12	Ferdinand, ou le pêcheur breton, par Mᵐᵉ d'Ast.	H R	421
1 in-12	Ferme (la) aux ifs, par Mᵐᵉ Bourdon.	H R	833
1-in-8	Ferme (la) modèle, par de la Giraudière.	H R	48
1 in-12	Ferme (la) du majorat, par Audeval.	H R	1460
1 in-8	Ferme (la) de Valcombe.	H R	171
1 in-32	Fermier (le) aveugle et sa famille.	H R	18
1 in-18	Fernand et Antony.	H R	369
1 in-12	Fernand Cortez, par Lebrun.	B P	1
1 in-8	Fernand Delcourt, ou la faiblesse d'une mère.	H R	181
1 in-18	Fernando, par Schmid.	H R	149
1 in-18	Festin des anges.	R	128
1 in-12	Fêtes d'enfants, par Beautin.	H R	852
1 in-12	Fêtes d'enfants.	H R	778
1 in-12	Fêtes (les) de l'Eglise.	R	52
1 in-12	Fêtes (les) de Noël à Rome, par Dumax.	H R	853
1 in-18	Fête (la) de Saint-Nicolas.	H R	142
1 in-12	Fêtes (les) de nos pères, par A. des Essarts.	H	839
1 in-12	Feuille (la) de trèfle, par A. Davelline.	H R	1353
1 in-8	Feuillets (les) de la vie, par A. de Lescure.	P L	105
1 in-12	Feuilles (les) de palmiers, p. de Herder.	H R	238

1 in-12	Fiancés (les) de Manzoni.	P L	15
2 in-18	Fidèle (la) observation des commandements de Dieu.	R	71
1 in-18	Fidèle (la) observation des commandements de l'Eglise.	R	137
1 in-32	Fidélité récompensée.	H R	19
1 in-8	Figure biblique de Marie mère de Jésus, par Lanceret.	R	75
1 in-12	Filet (le) et l'hameçon, par Mlle Boden.	H R	1235
1 in-4	Fille (la) du bandit, par Lamothe.	H R	46
1 in-18	Fille (la) du croisé.	H R	144
1 in-18	Fille (la) chérie de sainte Thérèse, par Allibert.	B S	39
1 in-12	Fille (la) du coupeur de paille, par R. de Navery.	H R	896
1 in-18	Fille (la) de l'ébéniste du faubourg St-Antoine.	H R	26
1 in-12	Fille (la) de l'émigré, par d'Epagny.	H R	104
1 in-32	Fille (la) de l'inconnue.	H R	20
1 in-12	Fille (la) du maçon, par Mme Moreau.	H R	36
1 in-8	Fille (la) du mandarin, par Charvoz.	H R	51
1 in-8	Fille (la) de Mogador, par de Saintes.	H R	60
1 in-12	Fille (la) de l'orfévre, par Sanquet.	H R	608
1 in-12	Fille (la) de la pétroleuse, par Bion.	H R	1079
1 in-12	Fille (la) du professeur, par Mlle J. Gouraud.	H R	1140
1 in-12	Fille (la) sauvage, par R. de Navery.	H R	1275
1 in-12	Filles (les quatre) du docteur Marsch, par Sthal.	H R	1540
1 in-12	Filleule (la) d'Alfred, par Bouniol.	H R	812
1 in-12	Filleule (la) de la reine, par Barbier.	H R	506
1 in-32	Fils (le) adoptif.	H R	21
1 in-12	Fils (les) d'Arius, par Guenot.	H R	904
1 in-12	Fils (le) du garde-chasse, par de la Rochebrant.	H R	1082
1 in-12	Fils (le) de la montagne, p. Tholonnay.	H R	1086
1 in-12	Fils (les) du martyr, par Lamothe.	H R	1146
1 in-12	Fils (le) du maquignon, par la vicomtesse de Pitray.	H R	1267
1 in-18	Fils (les) de la veuve, par Mlle Benoit.	H R	145
1 in-12	Fins (les) dernières de l'homme, par Pallu.	R	204
1 in-18	Fins (les) dernières, pensées, p. Liguori.	R	49
1 in-12	Fioretti, ou les petites fleurs de saint François.	R	170

1 in-12	Firmin, par de Marlès.	H R	184
1 in-12	Flavien et les fils de Marcomir, par Bergier.	H R	263
1 in-12	Fleurs angéliques.	H R	447
1 in-12	Fleurs d'amitié, par Dubois de Thionville.	H R	351
1 in-8	Fleurs (les) du ciel, ou imitation des Saints, par Orsini.	R	6
1 in-12	Fleur des eaux, par Lamothe.	H R	1430
1 in-8	Fleurs (les) de l'éloquence, p. Renaud.	P L	9
1 in-12	Fleur de Bretagne, par G. d'Ethampes.	H R	1164
1 in-12	Fleur des glaces, par Mlle France.	H R	1208
1 in-12	*Fleurs de l'histoire*, p. Mme Drohojowska	H	125
1 in-4	Fleur du moyen-âge, par A. Driou.	H R	470
1 in-12	Fleur de la morale en action.	H R	46
1 in-8	Fleur (la) de neige, par R. de Navery.	H R	1132
1 in-12	Fleur d'hiver, par Lia Cressenden.	H R	1520
1 in-12	Fleur de la poésie française, p. Rabion.	P L	28
1 in-8	Fleurs et ronces, par Mlle Guillon.	H R	1281
1 in-12	Flore, description.	P L	47
1 in-18	Florence modèle de la vraie piété.	H R	147
1 in-12	Florence Raymond, par Mlle Gouraud.	H R	345
1 in-18	Florestine, ou religion dans l'infortune.	H R	146
1 in-18	Florine et Elise.	H R	38
1 in-8	Foi (la) et ses victoires, par Baunard.	B P	103
1 in-12	Foi (la), l'Espérance et la Charité.	R	171
1 in-18	Foi (la), l'Espérance et la Charité.	R	142
1 in-12	Foi (la) jurée, par R. de Navery.	H R	1219
1 in-12	Foi (la) mise en pratique.	R	54
1 in-18	Foi (la) raffermie.	R	50
1 in-12	Foyer (le) assiégé, p Villiam O'Gorman.	H R	832
1 in-12	Fond (à) de cale, par Mayne-Reid.	H R	1327
2 in-12	Fondements de la Foi, par Ayne.	R	53
1 in-12	Fondements de la vie spirituelle, par Surin.	R	231
1 in-18	Fondements de la vie spirituelle.	R	114
1 in-12	Fontaine (la) aux perles, par P. Féval.	H R	1449
1 in-12	Force (la) des faibles, p. A. des Essarts.	H R	1018
1 in-12	Forgeron (le) de Perth, par W. Scott.	H R	273
1 in-12	Forgeron (le) de la vallée noire, par Gérard.	H R	178
1 in-12	Fortune (la) de Montligné, par Mme Maryan.	H R	1482
1 in-12	Forts par la foi, par Mme Guerrier de Haupt.	H R	1380

1 in-12	Fou (le) du Vésuve, par Lamothe.	H R	1263
1 in-18	Fraises (les).	H R	148
1 in-12	France (la) avant ses premiers habitants.	H	96
1 in-12	France (la) au XIIᵉ siècle, par Roy.	H	72
1 in-12	France (la) à Jérusalem, par Peladan.	V	98
1 in-12	France (la) chrétienne, par M. de Montrond.	H R	374
1 in-18	France (la) et l'Eglise, par Dret.	R	175
3 in-12	France (la) héroïque, vie et récits historiques, par Bouniol.	H	13
2 in-12	France (la) illustrée par les guerriers.	H	5
1 in-12	France (la) illustrée par son peuple.	H	5
5 in-4	France (la) militaire 1793 et 1833.	H	19
3 in-4	France (la) pittoresque.	V	50
3 in-8	France (la) par cantons et communes (Rhône).	H	136
3 in-8	France (la) par cantons (Loire).	H	137
1 in-8	France (la) sous le règne de la Convention.	H	5
1 in-4	France (la) sites, monuments et souvenirs.	H	37
1 in-12	France (Mademoiselle), par Launoy.	H R	1438
1 in-8	Français (les) en Algérie, par L. Veuillot.	H R	49
1 in-8	Français (le) en Ecosse, par E. Nyon.	H R	30
1 in-8	Français (les) en Espagne, par Roy.	H	144
1 in-8	Français (les) en Italie, par Bachelet.	H R	160
1 in-8	Français (les) en Orient, par Jouhanneau.	H	145
1 in-18	Francisque, ou mauvaise tête et bon cœur, par Bernart.	H R	150
1 in-12	Franklin Benjamin.	B P	80
1 in-12	François le bossu, par Mᵐᵉ de Ségur.	H R	872
1 in-12	Françoise, ou la vocation, par Mˡˡᵉ Benoit.	H R	1073
1 in-12	Françoise de Sauvigny, p. Mᵐᵉ Clément.	H R	1581
2 in-12	Fratricide (le), ou Gilles de Bretagne, par Walsh.	H R	515
1 in-18	Fraternité (la), la famille et le dimanche.	H R	435
1 in-12	Fra Stephen, ou une vocation, par R. du Maine.	B P	82
1 in-12	Frédéric, ou l'amour de l'argent, par Mᵐᵉ Farrenc.	H R	404
1 in-18	Frédéric, ou l'ermite du mont Atlas.	H R	151
1 in-8	Frédéric, ou la puissance de la religion, par de Lahaye.	H R	201

1 in-12	Frédéric, ou la puissance de la religion.	H R	331
1 in-12	Frédéric (vie de) Ozanam, par C. Oza-nam.	B P	248
1 in-12	Frères (les) d'armes, par R. de Chalus.	H R	465
1 in-12	Frère (le) et la sœur, par Voillez.	H R	312
1 in-8	Frère (le) et la sœur, par Woillez.	H R	166
1 in-12	Frère Tranquille, par P. Féval.	H R	1519
1 in-18	Froment (le) des élus, par Arvisenet.	R	51
1 in-12	Fruit (le) de l'arbre, par Devoille.	H R	386
1 in-18	Fruit (le) de la vertu.	H R	152
2 in-12	Fruit (le) sec, par Mlle Fleuriot.	H R	1149
1 in-12	Future (la) du baron Jean, par Marcel.	H R	1414

G

1 in-12	Gabriel Malagrida.	B S	129
1 in-12	Gabriel de Vidaud.	B P	135
1 in-12	Gaillard (le) d'arrière, par Lamothe.	H R	1039
1 in-12	Galerie des arts utiles.	P L	57
1 in-8	Galerie des artistes célèbres, par Mme Fallet.	P L	103
1 in-12	Galerie des jeunes personnes, par Jumel.	H R	462
1 in-12	Galerie des jeunes vierges, par Mme de Renneville.	H R	62
1 in-12	Galerie (petite) historique, par J.-D. Bolo.	H R	391
1 in-12	Galerie (petite) maritime.	V	71
1 in-12	Galerie des prix Montyon, par G. des Essarts.	H R	437
2 in-12	Galerie religieuse.	B S	105
1 in-8	Galerie des hommes de France.	H R	209
1 in-12	Gatienne, par Pinard.	H R	61
1 in-12	Gémeaux (les), par Lamory de Langerac.	H R	1351
1 in-8	Généraux (les) vendéens, par Crétineau-Joly.	B P	68
1 in-12	Général (le) Dourakine, par Mme de Ségur.	H R	1324
2 in-12	Général (le) Lamoricière, par Keller.	B P	210
1 in-12	Générosité et douceur.	H R	926
1 in-12	Geneviève, ou l'enfant de la Providence.	H R	1225
1 in-18	Geneviève, ou la pauvre femme chari-table.	H R	153
1 in-12	Geneviève de Paris, par de Vars.	H R	721

1 in-12	Génie de Buffon.	P	L	71
1 in-8	Génie du catholicisme, par Pinard.	P	L	56
2 in-12	Génie (le) du Christianisme, par Châteaubriand.	P	L	18
1 in-4	Génie de la France, par Champagnac.	H	R	47
1 in-8	Génie du prêtre, par Popys de Castre.	P	L	35
1 in-8	Génie du Christianisme, par Châteaubriand.	P	L	106
1 in-12	Gentilshommes (les) de la cuillère, par Buet.	H	R	1100
1 in-8	Géographie illustrée.		V	27
1 iu-8	Géographie militaire, par Lavallée.	P	L	52
1 in-4	Georges Bertrand, par Doncourt.	H	R	47
1 in-18	Georges, ou le bon usage des richesses.	H	R	425
1 in-18	Georges et Prosper, ou travail et paresse, par S. de Castres.	H	R	154
1 in-12	Géraldine, ou histoire d'une conscience.	H	R	183
1 in-12	Gerbe (la), par A. des Essarts.	H	R	539
1 in-8	Germains (les) avant le christianisme, par Ozanam.	H		17
2 in-12	Germaine de Kerglas, par Mlle d'Ethampes.	H	R	1498
1 in-12	Gerson, ou le manuscrit, par Fouinet.	B	P	66
1 in-12	Gilbert et Mathilde.	H	R	243
1 in-12	Gilbert, ou le poète malheureux, p. Pinard	P	L	17
1 in-12	Glaçon (le) du Polaris, par de Fonvielle.	H	R	1213
1 in-12	Glaive (le) runique, par Nicander.	H	R	687
1 in-8	Glaive (le) runique.	H	R	17
1 in-12	Gloires (les) de l'Eglise naissante.	B	S	34
1 in-12	Gloire des femmes, ou Marie mère du Christ.		R	265
1 in-12	Gloires (les) de Marie, par Liguori.		R	215
2 in-18	Gloires (les) de Marie.		R	109
1 in-18	Gloire et malheur.	H	R	358
1 in-12	Gloire et noblesse, par E. Nyon.	H	R	281
1 in-12	Gloires (les) de Pie IX, par Huguet.	H		121
1 in-12	Glorieuse (la), par Mlle Fleuriot.	H	R	824
1 in-18	Gondicar, ou l'amour du chrétien.	H	R	155
1 in-12	Gouffre (le), par R. de Navery.	H	R	1417
1 in-8	Gouvernement (du) de la France avant la révolution, par de Meillan.	H		5
1 in-8	Grand cœur, par Mlle Fleuriot.	H	R	204
1 in-8	Grands (les) Cordeliers de Lyon, par Pavy.	H		33
1 in-18	Grand (le) jour approche, p. Mgr Gaume.		R	52
2 in-8	Grands hommes de la France, par Muret.	B	P	7

2 in-12	Grand (le) vaincu, par H. Cauven.	H R	1278
1 in-12	Grande (la) Chartreuse, par Audiffret.	V	50
1 in-12	Grand' (la) mère, par Mme Manceau.	H R	221
1 in-12	Grandes questions religieuses résolues en peu de mots, par Berseau.	R	277
1 in-12	Grandes (les) scènes de la nature, par de Lanoye.	V	112
1 in-12	Grande (la) ville, par Audeval.	H R	1251
1 in-12	Grande (la) Chartreuse, par un Chartreux.	V	124
1 in-12	Grandeur et bonté de Dieu.	H R	378
1 in-12	Grandeur (la) de Dieu dans les merveilles de la nature, par Dulard.	H R	106
1 in-18	Grandeur et humiliation de J.-C., par Mgr de Godeau.	R	26
2 in-12	Grandeurs (les) de Marie, par Duquesne.	R	55
1 in-12	Grandeur des Romains.	P L	16
1 in-12	Grains de sagesse, par Champenau.	H R	1271
1 in-8	Grèce (la) ancienne et moderne, par de la Ferrière.	H	68
1 in-12	Gros (le) lot, par Mme de Stolz.	H R	1553
1 in-18	Grotte (la) du père Béatus, par Gérard.	H R	348
1 in-12	Grimpeurs (les) de rochers, par Mayne-Reid.	H R	856
2 in-12	Guerre (la) d'Amérique, par Fontane.	H R	942
1 in-8	Guerre (la) de cent ans, par Bachelet.	H	156
1 in-8	Guerre (la) des deux roses, par Todière.	H	48
1 in-8	Guerre (la) de Hongrie, par A. Balleydier.	H	122
1 in-12	Guerre (la) noire, par B. d'Auriac.	H	115
1 in-12	Guerre et paix, scènes en Norwége, par Bremer.	H R	727
1 in-8	Guerre des protestants à Lyon, 1561 et 1572.	H	62
2 in-12	Guerre sainte, par de Montrond.	H	28
1 in-8	Guerre de Vendée, par Veuillot.	H	27
1 in-12	Guerriers (les) célèbres.	H	66
2 in-12	Guerillas (les), par de Locmaria.	H R	928
1 in-8	Guide des adultes, par Chardon.	R	100
1 in-12	Guide de la conscience, par Corbière.	R	154
2 in-18	Guide du lecteur chrétien.	R	126
2 in-12	Guide des pécheurs.	R	54
1 in-18	Guide en Allemagne.	V	13
1 in-18	Guide en Angleterre.	V	15
1 in-8	Guide en Europe.	V	53

1 in-12	Guide en France.	V	86
1 in-18	Guide en Suisse, par Quetin.	V	12
1 in-18	Guide aux environs de Paris, p. Richard.	V	11
1 in-18	Guide sur les bords du Rhin.	V	14
1 in-12	Guillaume Aubry, par de Saint-Paul.	H R	409
1 in-18	Guillaume et Lucie, par Mme de Saint-Joseph.	H R	156
1 in-12	Guillaume le réfractaire, par Venet.	H R	1094
1 in-32	Guirlande (la) de houblon.	H R	22
1 in-18	Guirlande (la) de fleurs.	H R	403
1 in-18	Gustave et Eugène, ou orgueil et humilité, par Mme Farrenc.	H R	158
1 in-18	Gustave l'orphelin du presbytère.	H R	424
1 in-18	Gustave et Lucien, par Mme Sainte-Marie	H R	419
1 in-12	Gustave, ou le jeune voyageur en Espagne, par de Marlès.	V	46
1 in-18	Gustave, ou le petit jardinier, par Mlle Trémadeure.	H R	159
3 in-8	Gustave Wasa, ou la Suède délivrée, par Baignon.	B P	55
1 in-12	Gustave Westmore, par Hoffman.	H R	519
1 in-12	Gymnase (le) moral, par Champagnac.	H R	63

H

1 in-12	Habitation (l') du désert, par Mayne-Reid	H R	673
1 in-12	Halte (une) au désert, par J. Fossette.	H R	307
1 in-12	Hanani l'Essénien, par Guénot.	H R	905
1 in-8	Harmonie du catholicisme, par Mme de Chaillié.	P L	93
1 in-12	Hauteluce et Blanchelaine, par C. Buet.	H R	1250
2 in-12	Hector Servadac, par J. Verne.	H R	1187
1 in-8	Hector Servadac.	H R	52
1 in-12	Hélène, suivie de Bénédict.	H R	346
1 in-12	Hélène, par Rankin,	H R	346
1 in-18	Hélène, ou la jeune institutrice.	H R	160
4 in-12	Helviennes (les), par Barruel.	P L	39
1 in-18	Henri d'Eichenfels, par Schmid.	H R	247
1 in-12	Henri d'Eichenfels, par Schmid.	H R	215
1 in-12	Henri, ou le danger d'une première désobéissance, par Baron.	H R	23
2 in-8	Henri de France, ou histoire de la branche aînée, par A. Nettement.	H	61
1 in-12	Henri de Fermont, par Mme Nelli.	H R	248

1 in-18	Henri et Marie, par Friedel.	H	R	162
1 in-12	Henri Morton, par d'Exauvillez.	H	R	186
1 in-12	Henri, ou le modèle des bons fils, par de Courval.	H	R	503
1 in-8	Henri Perreyve, sa vie, p. le P. Gratry.	B	P	184
1 in-12	Henriette, ou piété filiale, par Ory.	H	R	192
1 in-12	Henriette de Bréhault, par Mme Bourdon.	H	R	1565
1 in-12	Héritage (l') du comte de Marcilly, par Ménard.	H	R	796
1 in-12	Héritage (l') du croisé, par Mlle d'Ethampes.	H	R	1060
1 in-12	Héritage (l') de Françoise, par Mme Bourdon.	H	R	931
1 in-12	Héritage (l') de Paule, par Maryan.	H	R	1412
1 in-12	Héritages (les), par Ferrand.	H	R	1068
1 in-12	Héritier (l') du mandarin, par Vrignault.	H	R	1362
1 in-12	Héritiers (les) de Judas, p. R. de Navery.	H	R	1152
1 in-12	Héritier (l') des Montveil, par Mlle G. de Haupt.	H	R	1522
1 in-12	Héritier (l') de Kerguignon, par Mlle Fleuriot.	H	R	1560
1 in-12	Héritière (l'), par Marcel.	H	R	1402
1 in-12	Hermann au désert, par Moreau.	B	P	190
1 in-32	Hermance, ou l'éducation chrétienne.	H	R	495
1 in-12	Hermine (l') des Kergaël, par Mlle d'Ethampes.	H	R	1430
1 in-12	Héros (les) chrétiens, par Dubois.	B	S	23
1 in-18	Héros (les) chrétiens.	B	S	16
1 in-8	Héros (les) de la Vendée, par M. de Préo.	B	P	8
2 in-18	Héroïnes (les) chrétiennes, par Cairron.	B	S	13
1 in-18	Héroïnes (les trois) chrétiennes, p. Carron	B	S	14
1 in-18	Héroïnes (les) de la charité, par M. Boux.	B	S	15
1 in-12	Héroïne (une) de soixante ans, par Mme de la Rochère.	H	R	730
1 in-12	Héroïsme (l') en soutane, par Ambert.	H	R	271
1 in-12	Heures (mes) de loisir, par Maigrot.	H	R	67
1 in-18	Heures poétiques de l'ouvrier, par C. Hébrard.	H	R	379
1 in-32	Heures (les) sérieuses d'un jeune homme, par de Sainte-Foi.		R	4
1 in-18	Heures (les) sérieuses d'une jeune personne, par de Sainte-Foi.		R	174
1 in-12	Heures (quelques) de solitude, par Mme Bourdon.	H	R	742
1 in-18	Heureux (l') matin de la vie, par Carron.		R	54

1 in-12	Heureuse (l') année, par Lassausse.	R	56
1 in-12	Heureuse (la plus) de la famille, par Mme Raymond.	H R	1529
1 in-12	Histoire d'Albucher Bisciarah, par de Bouclon.	B S	77
1 in-12	Histoire de l'abbé de Rancé, par d'Exauvillez.	B S	54
1 in-12	Histoire de l'Algérie, p. Mme Drohojowska.	H	88
1 in-8	Histoire de l'Algérie moderne, par Roy.	H	102
1 in-12	Histoires allemandes et scandinaves, par Marmier.	H R	810
2 in-8	Histoire d'Alger, par Rotalier,	H	6
5 in-18	Histoire d'une âme, par Ecolle.	B P	20
1 in-12	Histoire d'un âne, par Stahl.	H R	1505
1 in-12	Histoire d'un agent de change, par Mme Bourdon.	H R	1454
1 in-12	Histoire de l'Amérique.	H	37
4 in-8	Histoire de l'Amérique, par Robertson.	H	28
1 in-8	Histoire de l'Amérique et sa découverte.	H	116
5 in-12	Histoire ancienne abrégée, par Taïlhé.	H	8
13in-12	Histoire ancienne, par Rollin.	H	7
7 in-8	Histoire ancienne, par Rollin.	H	101
4 in-12	Histoire de l'ancien Testament, par Couturier.	H	50
2 in-8	Histoire de l'ancien et du nouveau Testament.	R	59
2 in-12	Histoires et anecdotes édifiantes, par Baudrand.	H R	70
1 in-12	Histoire des animaux.	H R	68
1 in-8	Histoire de l'Algérie moderne, par Destry.	H	102
22 in-8	Histoire d'Angleterre, par Lingard.	H	8
2 in-12	Histoire (abrégée) d'Angleterre, par Lingard.	H	9
1 in-12	Histoire d'Angleterre.	H	9
1 in-12	Histoire d'André Babola, par Jérôme.	B S	74
1 in-12	Histoire de Bayard, par Terébasse.	B P	8
2 in-12	Histoire du Bas Empire, par Caillot.	H	60
13 in-8	Histoire du Bas Empire, par Le Beau.	H	100
28in-12	Histoire du Bas Empire, par Le Beau.	H	10
1 in-8	Histoire du blason, par Eyssenbac.	H	80
1 in-12	Histoire de Bertrand Duguesclin.	B P	17
4 in-12	Histoire de Bossuet, par Beausset.	B P	9
1 in-12	Histoire de Bossuet, par Caillot.	B P	10
1 in-12	Histoire de Bossuet, par Roy.	B P	10

2 in-8	Histoire de Boniface VIII et de son siècle, par Du Clot.	B P	73
1 in-8	Histoire de Jean Brienne.	B P	74
1 in-12	Histoire de la Californie.	H R	504
1 in-12	Histoire de Calvin, par Audin.	B P	11
2 in-8	Histoire du Canada, par Brasseur.	H	108
1 in-12	Histoire du cardinal de Bérulle.	B P	94
1 in-18	Histoire du cardinal de Bérulle.	B P	13
2 in-12	Histoire du cardinal Bellarmin, par Frison.	B S	64
1 in-8	Histoire du cardinal Cheverus, par Dubourg.	B S	4
1 in-12	Histoire du cardinal Cheverus.	B S	50
1 in-8	Histoire de Ximénès, par Fléchier.	B P	75
2 in-8	Histoire du cardinal Fesch, par Lyonnet.	B P	17
1 in-8	Histoire du cardinal Pacca.	H	100
2 in-12	Histoire des chapelles papales, par Moroni.	H	53
1 in-12	Histoire de Charles XII.	B P	13
1 in-12	Histoire de Charles VIII, par Todière.	B P	86
1 in-12	Histoire de Charles V, roi de France, Barthélemy.	B P	58
1 in-12	Histoire de Charlemagne, par Roy.	B P	12
1 in-12	Histoire de Charles Quint.	B P	14
1 in-12	Histoire de la chevalerie, par Roy.	H R	69
2 in-12	Histoire du chevalier de Pontis, par Orse.	B P	149
1 in-12	Histoire des chevaliers de Malte, par Bertaud.	B P	15
1 in-12	Histoire des chevaliers de Malte.	H	97
7 in-8	Histoire des chevaliers de Malte.	H	11
1 in-12	Histoire de la Chine et des Chinois, par Parley.	H	85
1 in-18	Histoire du Christianisme et de ses bienfaits.	R	19
1 in-18	Histoire du Christianisme au Japon, par Voix.	H	1
2 in-12	Histoire du Christianisme au Japon.	H	11
2 in-8	Histoire du Christianisme au Japon.	H	4
1 in-12	Histoire de Christophe Colomb, par de Montrond.	H	108
4 in-8	Histoire de Christophe Colomb.	V	61
1 in-12	Histoire de la chute des Jésuites, par P. Lamache.	H	86
1 in-8	Histoire de cinq ans de république.	H	111

4 in-8	Histoire du clergé de France, par Banquet.	H	117
2 in-8	Histoire du clergé de France, par Christian.		32
3 in-12	Histoire du clergé de France.	H	12
2 in-8	Histoire des colonies françaises, par Mme Drohojowska.	H	131
1 in-8	Histoire des compagnons de Colomb.	V	62
5 in-8	Histoire de la Compagnie de Jésus, par Crétineau-Joly.	H	57
6 in-12	Histoire de la Compagnie de Jésus, par Crétineau-Joly.	H	57
1 in-8	Histoire des conjurations en France, par Delandine.	H	13
1 in-8	Histoire de la conquête d'Angleterre, par Deviller.	H	92
1 in-12	Histoire de la conquête d'Espagne, par de Marlès.	H	42
1 in-12	Histoire (une) contemporaine, par M. Emery.	H R	461
1 in-12	Histoires, contes et nouvelles, par Walsh.		631
1 in-12	Histoire de Crillon, par Mme de Clisson.	B P	75
1 in-18	Histoire des croisades en 1095, 1291, par Valentin.	H	73
1 in-8	Histoire des croisades, par Farine.	H	9
6 in-8	Histoire des croisades, par Michaud.	H	9
2 in-18	Histoire des croisades, par de la Croix.	H	2
1 in-8	Histoire des ducs de Bourgogne, par Mme Delafaye-Bréhier.	H	93
1 in-12	Histoire de la domination des Maures en Espagne, par Biéchy.	H	49
4 in-12	Histoire de Don Quichotte philosophe.	P L	11
1 in-12	Histoire de Saint-Domingue, par de Marlès.	H	90
1 in-12	Histoire de douze ans.	H R	339
4 in-8	Histoire du duc d'Orléans, par Laurentie.	H	41
1 in-8	Histoire du duc de Villars, par Anquetil.	B P	45
1 in-12	Histoire de Duguay-Trouin, par de la Landelle.	B P	73
1 in-12	Histoires édifiantes, par Baudrand.	H R	71
1 in-18	Histoires édifiantes.	H R	165
13 in-8	Histoire de l'Eglise, par Henrion.	H	34

8 in-12	Histoire de l'Eglise, par Receveur.	H	69
12 in-8	Histoire de l'Eglise, par Bercastel.	H	163
1 in-12	Histoire de l'Eglise, par Lhomond.		13
3 in-8	Histoire de l'Eglise de France, p. Jagard.	H	152
1 in-12	Histoire de l'Eglise et des papes, par Javry.	H	91
3 in-8	Histoire de l'Eglise de Vienne, par Collombet.	H	67
2 in-8	Histoire d'Espagne, par Lafont Saint-Marc.	H	12
2 in-12	Histoire d'Espagne.	H	51
1 in-12	Histoire d'Elisabeth de France, p. Cordier.	B P	150
1 in-12	Histoire d'Elisabeth d'Angleterre, par Tarwel.	B P	126
1 in-8	Histoire des Etats du Pape, par J. Miley.	H	142
1 in-8	Histoire des Etats-Unis d'Amérique, par Ménard.	H	155
9 in-8	Histoire des empereurs romains, par Crevier.	H	26
5 in-12	Histoire des empereurs romains, par Rolland.	H	14
1 in-12	Histoire de trois pauvres enfants, par Charton.	H R	925
1 in-12	Histoire d'une famille d'émigrants, par Dubarry.	H R	1075
1 in-12	Histoire d'une famille, p. Mme Raymond.	H R	857
1 in-12	Histoire d'une famille, p. Mme Raymond.	H R	1028
2 in-8	Histoire de la famille et de la société domestique, par Gaume.	H	43
2 in-12	Histoire de Fénelon, par Beausset.	B P	18
1 in-12	Histoire de Fénelon, par Roy.	B P	19
3 in-8	Histoire de Fénelon, par Beausset.	B P	46
1 in-12	Histoire de Ferdinand II, empereur d'Autriche.	B P	55
8 in-8	Histoire de France, par Laurentie.	H	40
4 in-8	Histoire de France, par Henrion.	H	96
1 in-12	Histoire de France, par Rolland.	H	15
3 in-12	Histoire de France, par Gabourd.	H	15
2 in-12	Histoire de France, par Masure.	H	15
4 in-8	Histoire de France, nouveau cours, par Mazas.	H	14
2 in-18	Histoire de France.	H	3
4 in-8	Histoire des Francs, par Perounet.	H	94
1 in-8	Histoire de François Ier, par de la Bournerie.	B P	59

1 in-8	Histoire de François Ier.	B P		93
4 in-4	Histoire générale des missions, par Henrion.	V		57
1 in-8	Histoire des généraux et chefs vendéens.	H		87
1 in-12	Histoire de Godefroy de Bouillon, par d'Exauvillez.	B P		20
1 in-18	Histoire de Godefroy de Bouillon.	B P		2
1 in-12	Histoire du grand Condé, par de Craon.	B P		35
1 in-8	Histoire des grands Cordeliers de Lyon, par Pavy.	H		33
2 in-8	Histoire des grands hommes de France, par Marest.	B P		7
1 in-12	Histoire grecque, par Darvon.	H		16
5 in-8	Histoire des guerres de l'Ouest, par Marest.	H		23
1 in-8	Histoire des guerres des paysans au XVIe siècle, par Bussière.	H		99
1 in-8	Histoire des guerres de la Vendée, par Veuillot.	H		27
1 in-12	Histoire de Henri IV, par Préfixe.	B P		21
2 in-8	Histoire de l'Hôtel-Dieu de Lyon, par Dagier.	H		133
1 in-12	Histoire (une) intime, par Mlle Fleuriot.	H R		980
3 in-8	Histoire d'Innocent III, par F. Hauter.	H		10
1 in-12	Histoire des insectes, par Bourassé.	P L		66
2 in-12	Histoire d'Italie, par Vincent.	H		80
3 in-4	Histoire d'Italie, par Dochez.	H		150
2 in-12	Histoire d'Italie.	H		53
1 in-12	Histoire de l'Inde ancienne et moderne, par de Marlès.	H		44
1 in-8	Histoire de l'Irlande, son origine, par Bricholle.	H		73
2 in-12	Histoire du Jacobinisme, par Baruel.	H		17
1 in-12	Histoire du Japon, par C. Voix.	H		18
1 in-12	Histoire de Jean-Marie.	H R		236
1 in-18	Histoire de Jean-Marie, par Mlle Trémadure.	H R		236
1 in-18	Histoire de Jeanne d'Arc.	H R		394
1 in-8	Histoire de Jeanne d'Arc, par Montrond.	B P		85
1 in-12	Histoire de Jeanne d'Arc, par Roy.	B P		22
1 in-18	Histoire de Jérôme, ou le malin dupe de ses malices.	H R		163
2 in-8	Histoire de Jérusalem, par Poujoulat.	H		25
1 n-12	Histoire de Jésus-Christ et de son siècle, par Jayer.	H		39

2 in-8	Histoire de Jésus-Christ, par Stolberg.		H	85
1 in-12	Histoire de Jésus-Christ, par Stolberg.		R	182
2 in-8	Histoire des Jésuites et de saint Ignace, par Bertholi.		H	65
5 in-8	Histoire des Jésuites, par Crétineau-Joly.		H	57
6 in-12	Histoire des Jésuites, par Crétineau-Joly.		H	57
1 in-12	Histoire d'un jeune homme, par Grange.		H R	1101
1 in-12	Histoire et leçons de choses pour les enfants, par Carpentier.		H R	781
2 in-8	Histoire de l'éclectisme alexandrin, par Prat.		P L	48
2 in-12	Histoire de l'empire ottoman, p. Vincent.		H	81
2 in-8	Histoire de Léon X, par Audin.		B S	22
2 in-12	Histoire de Léon X, par Audin.		B S	25
2 in-8	Histoire de Léon XII, par Artaud de Montor.		B P	21
1 in-8	Histoire de l'établissement du protestantisme, par Bussière.		H	148
1 in-12	Histoire de Lestrange, abbé de la Trappe.		B S	60
1 in-8	Histoire de la ligue contre Charles le Téméraire, par Bussière.		H	51
1 in-8	Histoire de Laongo Kakongo, par Proyart.		V	51
1 in-12	Histoire de Louis XIV.		B P	90
1 in-8	Histoire de Louis XIV, par Gabourd.		B P	27
1 in-8	Histoire de Louis XII, par Todière.		B P	78
1 in-12	Histoire de Louis XII, par de la Roche.		B P	92
2 in-8	Histoire de Louis XVII, par de Beauchène.		B P	58
1 in-12	Histoire de Louis XI, par Roy.		B P	23
1 in-12	Histoire de Luther, par Audin.		B P	24
2 in-8	Histoire de Lyon, par Fabvier.		H	86
2 in-4	Histoire de Lyon, par Montfalcon.		H	86
1 in-12	Histoire de Mabillon.		H	46
1 in-12	Histoire de Marie-Antoinette.		B P	91
1 in-18	Histoire de Marie-Clotilde de France, reine de Sardaigne.		B P L	421
1 in-12	Histoire de Marie-Christine, reine de Naples, par Postel.		B P	163
1 in-12	Histoire des marins célèbres, par de Montrond.		H	59
2 in-12	Histoire de Mᵐᵉ Barat, par Baunard.		B P	197
2 in-8	Histoire de Mᵐᵉ Barat, fondatrice du Sacré-Cœur.		B P	100

3.

1 in-12	Histoire des marins les plus célèbres de France, par Lemercier.	B P	104
3 in-8	Histoire de la marine française, par de la Peyrouse.	H	88
2 in-12	Histoire maritime de France, par Guérin.	H	87
2 in-8	Histoire maritime, par Guérin.	H	34
1 in-12	Histoire de la Mère de Dieu, par Orsini.	R	57
1 in-18	Histoire du mont Valérien.	H R	164
4 in-8	Histoire du monde, par de Riancey.	H	97
1 in-12	Histoires morales.	H R	340
2 in-12	Histoires morales et édifiantes.	H R	225
1 in-12	Histoire de mon oncle et de ma tante, par Dequet.	H R	1511
1 in-12	Histoire du moyen-âge.	H	62
1 in-4	Histoire de Napoléon Bonaparte, par Gabourd.	H	16
1 in-8	Histoire de Napoléon, par Gabourd.	H	16
5 in-8	Histoire de Napoléon et de sa famille, par Bégire.	H	147
2 in-8	Histoire de Napoléon et de la grande armée, par de Ségur.	H	15
1 in-12	Histoire naturelle, par Bourassé.	H R	65
1 in-12	Histoire naturelle, zoologie, par Edwards	H	47
1 in-12	Histoire naturelle, zoologie, par Baudent	H	45
1 in-12	Histoire naturelle, minéralogie, par Baudent.	H	45
1 in-12	Histoire naturelle des oiseaux.	P L	65
1 in-12	Histoire des naufrages célèbres, par Dautrygas.	H R	74
3 in-12	Histoire des naufrages, par Eyriès.	H R	75
1 in-8	Histoire de Normandie, par Barthélemy.	H	143
1 in-8	Histoire d'Olivier de Clisson, par Vandoré.	B P	42
1 in-12	Histoire d'Olivier de Clisson, par Mme de Clisson.		77
3 in-8	Histoire de la papauté, par Christophe.	H	105
2 in-12	Histoire de la papauté, par Henrion.	H	19
4 in-8	Histoire des Papes, par Baufort.	H	83
1 in-12	Histoire du Pape Innocent III, par Jory.	B P	127
1 in-8	Histoire du Pape Sylvestre II et de son siècle, par Hock.	H	29
1 in-12	Histoires et paraboles, par Giraudeau.	H R	218
1 in-18	Histoires et paraboles.		166
2 in-18	Histoire du Paraguay, par Mlle Cellier.	H	4

1 in-12	Histoire de Paris, par Muret.	H		20
1 in-4	Histoire de Paris, par E. de la Gournerie.	H		112
1 in-12	Histoire des peintres célèbres, par Valentin.	B	P	28
3 in-18	Histoire du petit Jacques, par Mlle Trémadure.	H	R	364
1 in-18	Histoire du père Bonaventure.	H	R	166
1 in-8	Histoire de Perse, par Mlle Bernard.	H		103
2 in-8	Histoire de la persécution révolutionnaire, par Trévan.	H		52
1 in-12	Histoire de Philippe-Auguste.	B	P	88
1 in-8	Histoire de Pierre d'Aubusson, par La Feuillade.	B	P	44
1 in-8	Histoire de Pierre le Grand, par Mme Fallet.	B	P	83
2 in-8	Histoire de Pierre Fourier, par Chappiat.	B	P	77
2 in-8	Histoire de saint Pie V, par de Falloux.	B	S	19
1 in-12	Histoire de Pie VI.	B	P	109
1 in-18	Histoire de Pie VI.	B	P	11
1 in-18	Histoire de Pie VI.	B	S	17
1 in-8	Histoire de Pie VI, par l'abbé Baldassière.	B	P	10
2 in-12	Histoire de saint Pie V, par de Falloux.	B	S	115
3 in-12	Histoire de Pie VII, par Artaud.	B	P	30
2 in-8	Histoire de Pie VII.	B	P	11
1 in-12	Histoire d'une pieuse héritière, par Mme Faucault.	H	R	126
1 in-12	Histoire d'une pipe, par Lamothe.	H	R	1161
1 in-12	Histoire d'une bouchée de pain, par Massé.	H	R	948
1 in-12	Histoire de plusieurs déportés.	V		70
3 in-8	Histoire politique et militaire du peuple de Lyon, par Balleydier.	H		118
3 in-4	Histoire de Pologne.	H		127
2 in-12	Histoire de Pologne, par Crobowski.	H		21
2 in-8	Histoire du pontificat de Léon le Grand, par Théron.	H		66
1 in-8	Histoire du Portugal.	H		114
1 in-8	Histoire des Portugais d'Amérique.	H		58
1 in-12	Histoires pour tous, par Mlle Fleuriot.	H	R	978
1 in-8	Histoire des principales villes de France.	H		123
1 in-8	Histoire des protestants de Lyon.	H		62
1 in-12	Histoire du protestantisme.	H		98

2 in-8	Histoire de quinze ans d'exil, par Nettement.	H	61
1 in-12	Histoire de la réforme en Angleterre, par Cobbett.	H	22
1 in-8	Histoire de la réforme en Suisse, par Haller.	H	22
1 in-12	Histoire de la reine Blanche, mère de saint Louis, par Nisart.	B P	52
1 in-8	Histoire de la religion et des Papes.	H	75
1 in-12	Histoire de la religion, par Lhomond.	H	23
6 in-4	Histoire de la Restauration, 1814, 1830, par Lubi.	H	81
1 in-8	Histoire de la Révolution d'Angleterre, par Ménard.	H	139
2 in-8	Histoire de la révolution de l'empire d'Autriche, par Balleydier.	H	126
10 in-8	Histoire de la révolution et de l'empire, par Gabourd.	H	54
2 in-8	Histoire de la révolution, par Lamothe.	H	54
	Histoire de la révolution de France, par de Conny.	H	32
10 in-12	Histoire de la révolution.	H	54
3 in-8	Histoire de la révolution française.	H	32
1 in-12	Histoire de la révolution, par Poujoulat.	H	72
2 in-8	Histoire de la révolution de Rome en 1846, 47, 48, 49, 50, par Balleydier.	H	90
1 in-8	Histoire de la révolution, par Boisselet.	H	114
1 in-8	Histoire de la révolution religieuse.	H	22
1 in-12	Histoire de la robe de Jésus-Christ, par Marx.	B S	56
3 in-12	Histoire romaine, par Dumond.	H	25
5 in-12	Histoire romaine, par Taillé.	H	25
16 in-12	Histoire romaine, par Crevier.	H	24
1 in-12	Histoire de Russie.	H	71
1 in-12	Histoire sainte.	H	53
1 in-12	Histoire du schisme portugais, par de Bussière.	H	99
1 in-12	Histoire du siége de Jérusalem, p. Flavien	H	41
1 in-8	Histoire du siége de Sébastopol, par Roy.	H	106
2 in-8	Histoire de la société domestique, par Gaume.	H	43
2 in-8	Histoire de Stanislas Ier, par Proyart.	B P	50
1 in-12	Histoire de Stanislas Ier, par Proyart.	B P	42
2 in-12	Histoire de Stanislas Ier, roi de Sardaigne, par Proyart.	B P	42

1 in-12	Histoire de la statue miraculeuse de Notre-Dame de la Délivrance.	R	150
1 in-12	Histoire de la Suisse.	H	95
4 in-8	Histoire et tableau de l'univers, p. Daniel	H	95
1 in-8	Histoire de Talleyrand-Périgord.	B P	12
5 in-8	Histoire des temps fabuleux, par Guérin du Rocher.	H	56
1 in-12	Histoire des Templiers, par Roy.	H	65
1 in-12	Histoire de Théodose le Grand, par Fléchier.	B P	25
2 in-8	Histoire de Théodoric, par Bourré.	B P	65
1 in-12	Histoire du Thibet.	V	61
2 in-12	Histoire de Thomas Morus, par Craon.	B P	35
1 in-8	Histoire de Thomas Morus.	B P	60
1 in-12	Histoire de la Trappe à Rome, par Grandisson.	H	79
1 in-8	Histoire de la Trappe, ou la Trappe mieux connue.	H	46
1 in-8	Histoire des Trappistes du Val Sainte-Marie.	H	49
1 in-12	Histoire de Turenne, par Raguenet.	B P	26
12 in-12	Histoire universelle, par Anquetil.	H	26
1 in-12	Histoire de Vauban.	B P	95
4 in-8	Histoire de la Vendée, par Crétineau-Joly	H	38
4 in-12	Histoire de la Vendée militaire, p. Joly.	H	68
1 in-12	Histoire de Venise, par Valentin.	H	27
2 in-8	Histoire de Vuarin, par Martin.	H	161
1 in-12	Hiver (l') à la campagne, par Mme Drohojowska.	H R	800
1 in-18	Hiver (l').	H R	453
2 in-18	Hiver (l'), par Mlle Brun.	H R	174
2 in-8	Homélies sur les Evangiles, p. Thiébault.	R	92
4 in-8	Homélies, discours, lettres de saint Jean Chrysostome.	R	7
1 in-8	Homélies et lettres de saint Basile le Grand.	R	22
1 in-18	Hommages et conseils au peuple, par Sainte-Foy.	R	125
1 in-12	Hommes célèbres de France, par d'Exauvillez.	B P	115
1 in-12	Homme (l') comme il le faut, p. Marchal.	H R	888
2 in-8	Homme (l') connu par la révélation, par Fraise.	P L	10
1 in-18	Homme (un) de douze ans.	H R	177
1 in-12	Hommes (les) d'Etat les plus célèbres.	B P	106

1 in–8	Hommes et faits, par de Lespan.	H	69
2 in–12	Homme (l') heureux, par P. de Almeida.	H R	76
2 in–8	Hommes illustres d'Orient, par Mazas.	B P	35
1 in–12	Homme (l') à l'école de Bossuet, par Champigny.	P L	61
1 in–8	Homme (un) d'autrefois, par C. de Beauregard.	P L	93
1 in–12	Homme (le saint) de Tours, par Aubineau	B P	193
1 in–12	Hollande (la) catholique.	H	84
1 in–8	Hongrois (les), par Nieritz.	H R	103
1 in–18	Honnête (l') marchand.	H R	175
1 in–12	Honneur (l') du nom, par C. Buet.	H R	1249
1 in–18	Honorine, ou le triomphe de l'humilité.	H R	176
1 in–18	Horloge (l') de l'ange gardien, par Drexelius.	H R	178
1 in–12	Hôtel (l') Woronzoff, par Mlle Maréchal.	H R	1174
1 in–18	Hubert.	H R	179
1 in–8	Huniade, ou la Hongrie au xve siècle, par Guénot.	H	159
1 in–18	Hymnen (l') angélique, par Lebon.	R	150

I

1 in–12	Idéal et réalité, par Mlle Lermite.	H R	1279
1 in–18	Idées (les) d'un catholique.	H R	153
1 in–12	Idoles (les), par R. de Navery.	H R	548
1 in–12	Iermola, par Marcel.	H R	1233
1 in–12	Ile (l') des cinq, par Foinet.	H R	241
4 in–18	Ile de la vertu.	H R	186
3 in–12	Ile (l') mystérieuse, par J. Verne.	H R	1335
4 in–12	Illiade (l') d'Homère, par Dacier.	P L	20
1 in–12	Illustres (les) pénitentes, par Bernard.	B S	112
1 in–12	Illustrations de l'Algérie.	V	77
1 in–12	Illustrations d'Allemagne, par Roy.	B P	61
1 in–12	Illustrations d'Angleterre, par Roy.	B P	53
1 in–12	Illustrations d'Algérie.	H R	442
1 in–12	Illustrations d'Egypte.	H R	443
1 in–12	Illustrations de l'histoire de France, par Roy.	H R	441
1 in–12	Illustrations de la Suisse, par Roy.	H R	444
1 in–12	Illustrations de la Suisse.	B P	54
1 in–12	Illustrations de l'histoire sainte, p. Rouzier	H	93
1 in–12	Illustrations de l'Italie, par Roy.	B P	60

2 in–12	Illustrations littéraires de la France, par Maigrot.	P L	59
1 in–12	Illustrations, ruines et souvenirs des capitales, par Hocquart.	V	85
1 in–4	Image (l').	H R	9
1 in–12	Imitation (l') de Jésus-Christ.	R	58
2 in–12	Imitation (l') de Jésus-Christ méditée, par Herbet.		144
1 in–18	Imitation (l') de Jésus-Christ, p. Gonnelieu.		55
1 in–8	Imitation (l') de Jésus-Christ, p. Rochette.	R	67
1 in–32	Imitation (l') de Jésus-Christ.	R	5
1 in–18	Imitation (l') de saint Joseph.	R	141
1 in–18	Imitation (l') de la sainte Vierge.	R	56
1 in–8	Impressions de voyages, par Walsh.	V	17
1 in–8	Impressions d'un voyageur chrétien, par Meissonnier.	V	46
1 in–18	Impressions de voyage.	H R	180
1 in–12	Incas (les), par Marmontel.	H R	77
1 in–8	Incas et Bélisaire, par Marmontel.	B P	31
1 in–18	Inconnue (l'), ou expiation.	H R	181
1 in–8	Incrédules (aux) et aux croyants.	P L	38
1 in–12	Incrédulité contemporaine, par Guiol.	R	279
1 in–12	Inde, Chine et Japon.	V	7
1 in–12	Indes (les) noires, par J. Verne.	H R	1186
1 in–8	Indes (les) noires, par J. Verne.	H R	52
1 in–18	Insectes (les), par Mlle Tremadure.	H R	169
1 in–12	Instinct des animaux, par Rousse.	P L	84
1 in–32	Instructions aux âmes pieuses.	R	6
1 in–8	Instructions à un jeune néophyte.	R	8
1 in–12	Instruction chrétienne des jeunes filles.	R	61
1 in–12	Instructions sur le carême, p. Reaume.	R	213
1 in–18	Instruction et éducation, par Mme Sainte-Marie.	H R	182
5 in–18	Instructions sur les Evangiles, dimanches et fêtes.	R	59
1 in–12	Instructions pastorales de l'évêque de Langres.	R	82
1 in–18	Instructions sur les Evangiles.	R	58
1 in–18	Instructions sur les romans, par Hulot.	R	60
1 in–18	Instructions sur les spectacles, par Hulot.	R	61
1 in–18	Instructions sur l'oraison mentale, par Courbon.	R	261
1 in–12	Instruction sur l'égarement de l'esprit et du cœur, par Humblot.	R	59

2 in-8	Instructions et mandements de Mgr de Rodez.	R	30
2 in-12	Instruction morale sur la doctrine chrétienne.	R	207
4 in-12	Instructions sur le symbole, par Lambert.	R	61
1 in-32	Instructions pour vivre chrétiennement.	R	7
2 in-8	Institut (l') catholique, l'Eglise et l'Etat.	P L	76
1 in-8	Institutions de bienfaisance à Rome, par de Bazelair.	R	31
1 in-12	Institutrice (l') à Berlin, par Mlle Maréchal.	H	1376
2 in-18	Intérieur (l') d'une famille, par Mme Sainte-Marie.	H R	182
2 in-12	Intérieur (un), par Devoille.	H R	347
2 in-12	Intérieur (l') de Jésus et de Marie, par Grou.	R	62
1 in-12	Intérieur d'un pensionnat, par Mme Carroy.	H R	390
1 in-32	Introduction (l') à la vie dévote, par saint François de Sales.	R	16
1 in-12	Introduction (l') à la vie dévote.	R	117
1 in-18	Introduction philosophique à l'étude du christianisme.	P L	17
2 in-12	Iréna, ou la vierge lyonnaise, par Devoille.	H R	804
1 in-12	Irène ou point de bonheur sans la vertu, par L. Dumesnil.	H R	522
1 in-12	Irène, par Marcel.	H R	1114
1 in-8	Irlande (l'), son origine, son histoire, par Bricholle.	H	73
1 in-8	Isabelle d'Angoulème, par Mme de Saint-Surin.	B P	39
1 in-12	Isabelle aux blanches mains, par Mlle G. d'Ethampes.	H R	937
1 in-12	Isabelle de Saint-Georges, par V. Doublet.	H R	261
1 in-12	Isabelle, par Mme Tarbé des Sablons.	H R	579
1 in-18	Isabelle de Nesles.	H R	184
1 in-12	Isabelle, sœur de saint Louis, par Danielo.	B P	81
1 in-18	Isala.	H R	185
2 in-18	Isola, souvenirs de Bretagne, p. Jehan.	H R	444
1 in-12	Ismaël, ou conversion d'un Juif, par Miel.	H R	79

1 in-18	Ita, comtesse de Toggenbourg, par Schmid.	H R	187
1 in-12	Ita la glaneuse, par Mᵐᵉ de Stoltz.	H R	1478
3 in-18	Itinéraire de Paris à Jérusalem, par Chateaubriand.	V	18
1 in-8	Itinéraire de Lyon à Rome, par Bard.	V	29
2 in-12	Itinéraire de Paris à Jérusalem.	V	9
1 in-8	Itinéraire de Paris à Jérusalem, par Chateaubriand.	V	1
2 in-18	Itinéraire de la terre au Ciel.	R	104
1 in-12	Ivan le terrible, par Tolstoy.	H R	901

J

1 in-18	Jacquot, ou la basse-cour de ma tante, par Mˡˡᵉ U. Trémadeure.	H R	190
1 in-12	Jacquart, ou l'ouvrier lyonnais, par de Voivreuil.	B P	85
2 in-12	Jacques de Brancion, par de Foudras.	H R	638
1 in-12	Jacques Cœur, par Cordellier.	B P	27
1 in-12	Jacques, ou l'enfant de la crèche, par de Billou.	H R	523
2 in-18	Jacques Delorme, ou bonheur et religion, par d'Exauvillez.	H R	188
1 in-18	Jacques Delorme, par d'Exauvillez.	H R	189
1 in-12	Jacques II, ou le dernier des Stuarts.	B P	134
1 in-18	James, ou le pécheur ramené à la religion.	H R	192
1 in-12	James Douglas, par Marguery.	H R	592
2 in-12	Jangada (la), par J. Verne.	H R	1499
1 in-12	Javanais (les), par Cordellier-Delanoue.	H R	361
1 in-12	Jeanne d'Arc, par Wallon.	B P	16
2 in-8	Jeanne d'Arc, par Roy.	B P	72
1 in-8	Jeanne d'Arc, par Montrond.	B P	85
1 in-8	Jeanne de Montfort, par Mᵐᵉ Fallet.	H R	156
1 in-12	Jeanne, ou l'élève indocile, par Mˡˡᵉ Brun.	H R	589
1 in-8	Jeanne-Marie de la Croix, par Sainte-Foy.	B P	67
1 in-12	Jeanne-Marie, par R. de Navery.	H R	1022
1 in-12	Jeanne de Valois, par Gemblon.	B P	49
1 in-12	Jeanne de Matel (Vie de la mère).	B S	126
1 in-12	Jeanne d'Aurelles, par E. Marcel.	H R	1142
1 in-12	Jeanne-Jeanne, par Mˡˡᵉ Lacroix.	H R	1524

1 in-12	Jeanne Jugan, par Aubineau.	H R	1578
1 in-8	Jean de Brienne.	B P	74
1 in-12	Jean Bresson, par L. Colas.	H R	1141
1 in-12	Jean-Louis Bonnard.	B S	144
1 in-12	Jean Canada, par R. de Navery.	H R	1218
1 in-12	Jean et Julien, par de Saintes.	H R	209
1 in-8	Jean-Jacques Rousseau, par M. du Theil.	P L	20
1 in-12	Jean l'ivoirier, par R. de Navery.	H R	782
1 in-8	Jean Racine.	P L	98
1 in-12	Jean-Paul Riquet, par Mlle Maréchal.	H R	1429
1 in-12	Jean le Solignot, par H. Langlois.	H R	1426
1 in-18	Jénoseph, ou vertu, jeunesse, adversité, par Logeais.	H R	191
1 in-8	Jérusalem (la) délivrée, par Lebrun.	P L	61
1 in-18	Jérusalem.	H	6
1 in-12	Jérusalem, tableau de l'histoire de cette ville, par de Ravensberg.	H	61
1 in-12	Jérusalem et la Judée.	V	58
1 in-12	Jésus offert à la jeunesse, par Dumax.	R	280
1 in-32	Jésus parlant au cœur des enfants.	R	8
1 in-12	Jésus révélé à l'enfance et à la jeunesse, par Lagrange.	R	208
1 in-18	Jésuites (les) aux bagnes, par Aubineau.	H	439
1 in-12	Jésuites, par P. Féval.	H R	1183
1 in-12	Jeudis (les) de Germaine et de Marinette, par Mme Castan.	H R	1531
1 in-12	Jeunes (les) amis.	H R	80
1 in-8	Jeunes (les) abeilles de l'histoire.	H R	6
1 in-8	Jeunes (les) converties, ou les trois sœurs	H R	70
1 in-12	Jeune (la) fille modèle, par Mme Drohojowska.	H R	1111
1 in-12	Jeune (la) fille selon Dieu, par A. Bernard.	H R	66
1 in-4	Jeunes (les) Français de toutes les époques, par de Saillet.	H R	19
1 in-18	Jeune (le) Henry, par Schmid.	H R	193
1 in-18	Jeunes (les) héros chrétiens.	B P	12
1 in-18	Jeunes (les) héros chrétiens.	B S	16
1 in-12	Jeune (le) industriel, par Delastre.	H R	207
1 in-12	Jeune (le) instituteur, par Mme Carroy.	H R	431
1 in-12	Jeune (la) maîtresse de maison, par Mme de Savignac.	H R	200
1 in-18	Jeune (la) Marie, ou conversion d'une famille.	H R	194
1 in-12	Jeune (le) Marin, par Mme Guermante.	H R	138

1 in-12	Jeunes (les) martyrs.	B S	85
1 in-18	Jeune (la) Mélanie, par Schmid.	H R	195
1 in-12	Jeunes (les) moralistes, par V. Doublet.	P L	72
1 in-18	Jeune (le) officier, par Mᵐᵉ Offand.	V	8
1 in-12	Jeunes (les) ouvrières, par Mᵐᵉ Voillez.	H R	320
1 in-12	Jeunes (les) personnes devenues célèbres, par Mᵐᵉ Antoine.	H R	473
1 in-12	Jeunes (les) esclaves, par Mayne-Reid.	H R	1508
1 in-12	Jeune (le) sage, par Mˡˡᵉ Vanhove.	H R	491
1 in-8	Jeune (le) voyageur en Californie, par Champagnac.	H R	123
2 in-12	Jeune (le) voyageur en France, par Malte-Brun.	V	52
1 in-12	Jeune (le) voyageur en Egypte, par Hoffand.	V	43
1 in-12	Jeune voyageur en Palestine, par Mˡˡᵉ de Pétigny.	V	84
1 in-12	Jeunesse (la) dirigée par l'amitié, par Mᵐᵉ Déroziers.	H R	1385
1 in-12	Je veux être heureux.	R	184
1 in-12	Joie de l'âme, par le P. de Lombez.	R	63
1 in-12	Joie (la) du foyer, par B. Bouniol.	H R	563
1 in-12	Jonc (le) d'or, par de Lortal.	H R	1437
2 in-32	Josaphat.	H R	24
1 in-12	José, par Noisy.	H R	286
1 in-18	José, ou le bon fils, par Guillemart.	H R	196
1 in-12	Joseph de Maistre, par R. de Sézeral.	B P	171
1 in-12	Joseph, par Bitaubé.	B P	31
1 in-4	Joseph Duplessis, par E. Desforets.	H R	42
1 in-18	Joseph et Isidore, par Marcel.	H R	201
1 in-12	Joseph, ou le vertueux ouvrier, p. Petit.	H R	410
1 in-12	Joseph, ou le vertueux ouvrier, p. Petit.	H R	860
1 in-12	Joseph Régnier, par Vrignault.	H R	295
1 in-12	Joséphine, ou une famille au désert, par A. de Colignac.	H R	474
1 in-12	Joséphine Sazerac de Limagne.	H R	1371
2 in-12	Jours (les) de congé, par Caillet.	H R	463
1 in-12	Journal d'un aumônier militaire, par Faivre.	H R	1133
1 in-12	Journal d'une âme en peine, par Mˡˡᵉ Maréchal.	H R	1240
1 in-4	Journal des bons exemples.	H R	22
1 in-12	Journal de ma captivité, p. de Cristen.	H	119
2 in-4	Journal des enfants.	H R	32
6 in-4	Journal des familles.	H R	41

1 in-12	Journal d'une jeune fille pauvre, par Mme E. Raymond.	H R	859
2 in-12	Journal de Gaston, par Calas.	H R	1336
3 in-12	Journal et impressions d'un pèlerin en terre sainte.	V	92
1 in-12	Journal de Marie-Edmée.	B P	188
1 in-8	Journal de Marie pendant le mois de mai, par Thiebaud.	R	86
4 in-12	Journal de Marguerite et Marguerite à 20 ans, par Mlle Monniot.	H R	751
1 in-12	Journal d'un voyage en Orient, par Azaïs et Domergue.	V	105
2 in-8	Journal d'un pèlerin, par J. Bard.	V	28
1 in-12	Journal d'un voyage en Italie, par Mgr de Ségur.	V	122
1 in-12	Journée (la) des malades, par Perreyve.	V	302
1 in-12	Juif (le) Ephraïm, par R. de Navery.	H R	1170
3 in-8	Jules chrétien, par M. Bochard.	P L	104
2 in-8	Jules chrétien.	P L	104
1 in-18	Jules, par Mme Guizot.	H R	197
1 in-12	Jules, ou la vertu dans l'indigence, par Mme Farrenc.	H R	150
1 in-8	Julia et Léontine, par Mme Barbier.	H R	104
1 in-12	Julien Durand.	H R	198
1 in-12	Julien Durand.	H R	199
1 in-18	Julien, ou l'enfant industrieux, par Langlois.	H R	198
1 in-12	Julien le fils du militaire, p. Mme Farrenc.	H R	584
1 in-12	Julien Morel, ou l'ami de la famille, par C. Lebrun.	H R	279
1 in-12	Julien l'apostat, par Emile Laine.	H R	1474
1 in-12	Julienne, ou la servante de Dieu, par Walsh.	H R	121
1 in-12	Juliette, par Marcel.	H R	1305
1 in-12	Juliette (le) Bhénic, p. Mlle G. d'Ethampes.	H R	1434
1 in-12	Jumelles (les) africaines, par P. Franco.	H R	1534
1 in-12	Jumeaux (les) de Saint-Cyr, par Mme Delafaye-Brehier.	H R	350
1 in-12	Jumeaux (les) de Lusignan, par C. Carpentier.	H R	252
1 in-12	Justice divine, par A. Archier.	P L	50
1 in-18	Justine, ou l'influence de la vertu.	H R	406
1 in-18	Justine, ou la piété filiale.	H R	200
1 in-12	Justine, ou les dangers de la vanité, par Mme Fallet.	H R	475

K

1 in-12 Kabyle (le), par Mme Buron.   H R   542
1 in-12 Khalife (le) de Bagdad, p. de Bourbourg. H R   648
1 in-12 Karl, ou le guide montagnard, p. Fontelt. H R   364
1 in-12 Kate, par Maryan.   H R   1413
1 in-12 Kermadiou, par Léon Noble.   H R   1222

L

1 in-12 Lady Anne.   H R   481
1 in-4   Laideur et beauté.   H R   24
1 in-12 La lampe du sanctuaire, par Wiseman.   H R   731
1 in-12 Landry, par R. de Navery.   H R   1285
1 in-12 Lancelle et Anatole.   H R   253
1 in-12 Larmes (les) de Rachel, par Gay.   H R   1110
1 in-12 Laure et Anna.   H R   322
1 in-12 Laure Aubry, par Bailleul.   H R   1104
1 in-8   Laure de Cernan.   H R   141
1 in-18 Laure, ou la jeune émigrée.   H R   202
1 in-12 Laurencia, histoire japonaise, par G.
         Fullerton.   H R   770
2 in-18 Lazarine, par Dié de Saint-Joseph.   H R   203
1 in-12 Leçons de l'amour maternel, par Mme
         de Reneville.   H R   499
1 in-8   Leçons d'astronomie, par Desdouits.   P L   13
1 in-12 Leçons de Dieu.   H R   393
1 in-4   Leçons élémentaires d'histoire naturelle. P L   72
1 in-18 Leçons de l'Evangile.   R   132
11 in-12 Leçons (premières) de l'histoire, par E.
         Hocquart.   H R   85
2 in-12 Leçons de l'histoire, par Gérard.   P L   21
1 in-12 Leçons d'une mère sur la religion, par
         Mme Fallet.   R   185
1 in-12 Leçons d'une mère, par C. Malo.   H R   296
4 in-12 Leçons de la nature, par C. Despréaux.   P L   23
2 in-12 Leçons (cours de) religieuses.   R   64
3 in-12 Leçons de la sagesse, par Débonnaire.   R   165
1 in-12 Leçons de la tombe.   R   155
1 in-12 Lectures des mauvais livres.   H R   204

1 in-12	Lectures de la première adolescence, par Teillac.	H R	448
2 in-12	Lectures pour le carême.	R	254
1 in-12	Lectures d'hiver, par A. des Essarts.	H R	661
1 in-18	Lectures en famille, par Raynal.	H R	205
1 in-18	Lectures instructives.	H R	206
1 in-12	Lectures d'une mère à sa fille.	H R	86
1 in-12	Légendes de Mont-Briant, par Mᵐᵉ Lavergne.	H R	1479
1 in-12	Légendes célestes, par H. du Pontrais.	H R	662
1 in-8	Légendes des commandements de Dieu, par C. de Plancy.	H R	36
1 in-12	Légendes des commandements de Dieu, par C. de Plancy.	H R	649
1 in-12	Légende (la) dorée, par de Voragine.	H R	498
1 in-8	Légendes des douze convives, par C. de Plancy.	H R	43
1 in-8	Légendes de l'histoire de France, par C. de Plancy.	H R	82
1 in-12	Légendes intimes, par Mᵐᵉ Taweld.	H R	492
1 in-12	Légendes irlandaises, par Mᵐᵉ Drohojowska.	H R	749
1 in-8	Légende (la) du Juif errant, par C. de Plancy.	H R	41
1 in-12	Légende (la) de Notre-Dame, par Darras.	R	188
1 in-8	Légendes des origines, par C. de Plancy.	H R	83
1 in-12	Légendes des plantes et des oiseaux, par Marmier.	H R	1575
1 in-18	Légendes des philosophes.	H R	440
1 in-4	Légendes pittoresques, par Driou.	H R	29
1 in-12	Légendes des sept péchés capitaux, par C. de Plancy.	H R	658
1 in-12	Légendes du Saint-Sacrement, par de Gaulle.	R	282
1 in-12	Légendes de saint François d'Assise.	B S	124
1 in-8	Légendes de la sainte Vierge, par C. de Plancy.	H R	44
1 in-12	Légendes de la Vierge de marbre, par R. de Navery.	H R	1268
1 in-12	Légendes de tous pays, par Lamothe.	H R	1116
1 in-8	Légion (la) d'honneur, par Mazas.	H	130
1 in-12	Legs (un), par Maryan.	H. R	1565
2 in-8	Léman (le), ou voyage à Genève, par Bailly de Lalande.	V	22
1 in-12	Léon, par Mˡˡᵉ Amaryllis.	H R	234

1 in-18	Léon, ou le choix d'un ami, par Laumier.	H R	384
1 in-18	Léon, ou le jeune voyageur, par Mlle Trémadure.	H R	208
1 in-12	Léontine, histoire d'une jeune femme, par Mme Bourdon.	H R	752
1 in-12	Léontine et Marie, ou les deux éducations, par Mme Voillez.	H R	267
1 in-8	Lequel des deux.	H R	177
1 in-12	Lettres du P. Lacordaire à des jeunes gens.	H R	291
1 in-8	Lettres du P. Lacordaire (inédites).	B P	98
1 in-8	Lettres des apôtres du Japon.	V	41
1 in-8	Lettres sur l'Algérie, par Suchet.	V	7
1 in-12	Lettres à un camarade d'enfance, par Baudon.	P L	106
1 in-18	Lettres à un curé sur l'éducation du peuple, par Laurentie.	P L	7
2 in-8	Lettres de Mme de Chantal.	R	9
2 in-12	Lettres sur la Chine.	V	68
1 in-12	Lettres sur le Canada.	V	62
1 in-12	Lettres à Eugène sur l'Eucharistie, par P. de Géramb.	R	65
1 in-18	Lettres d'Euler sur divers points de physique, par Laurentie.	P L	5
1 in-12	Lettres d'Eugénie de Guerin.	B P	162
1 in-8	Lettres édifiantes et curieuses, p. Doublet	H R	7
1 in-8	Lettres édifiantes anciennes et modernes.	V	64
14 in-8	Lettres édifiantes et curieuses.	V	4
1 in-8	Lettres édifiantes, anciennes et nouvelles	H R	168
2 in-12	Lettres édifiantes.	V	57
1 in-12	Lettres de Mgr de Ségur.	B P	206
1 in-12	Lettres de saint François de Sales.	R	66
3 in-8	Lettres de saint François-Xavier.	R	10
1 in-12	Lettres sur l'éducation des filles, par Mgr Dupanloup.	B P	208
2 in-8	Lettres sur l'Italie, par de Joux.	V	9
1 in-8	Lettres sur les îles Marquises, par P. Mathias,	V	26
5 in-8	Lettres de saint Jérôme, par Collombet.	V	21
3 in-12	Lettres de quelques Juifs, par Guenée.	P L	22
4 in-12	Lettres de quelques Juifs.	P L	22
1 in-12	Lettres d'une jeune Irlandaise, p. O'Nelya	B P	181
1 in-12	Lettres à une jeune fille, p. Mme Bourdon.	H R	663
1 in-12	Lettres à une personne, par Ozanam.	R	169

3 in–18	Lettres de Léonie.	R	63
1 in–18	Lettres de Mme de Maintenon.	P L	24
1 in–12	Lettres d'une marraine, par Mme E. Raymond.	H R	858
1 in–18	Lettres d'une mère sur l'éducation de son fils.	P L	6
1 in–12	Lettres des missionnaires de 93.	V	10
1 in–18	Lettres à un ministre protestant.	R	62
1 in–8	Lettres à Monseigneur l'évêque de Langres, par Luguet.	V	24
1 in–12	Lettres d'Octavie.	H R	655
1 in–12	Lettres à un ouvrier sur l'éducation de son fils, par Benezet.	H R	643
2 in–12	Lettres d'Ozanam.	B P	194
1 in–18	Lettres à un père.	P L	8
1 in–8	Lettres de Pline le Jeune.	P L	69
2 in–12	Lettres du père Roy.	R	67
1 in–12	Lettres de l'abbé Perreyve.	B P	182
1 in–12	Lettres d'un vieux paysan, par Charrue.	H R	500
1 in–12	Lettres sur la réforme en Angleterre, par Cobbett.	P L	10
2 in–18	Lettres de la réforme.	P L	51
3 in–8	Lettres de saint Bernard.	R	28
1 in–18	Lettres de Mme de Sévigné.	P L	9
1 in–12	Lettres de Mme de Sévigné.	P L	37
2 in–12	Lettres spirituelles de Surin.	R	253
1 in–12	Lettres spirituelles.	R	173
1 in–12	Lettres pour l'éducation à une jeune personne.	H R	452
4 in–8	Lettres de Scheffmacher.	R	81
2 in–12	Lettres de Mme Swetchine et ses méditations.	B P	147
1 in–8	Lettres à Théotime, par Berthuel.	P L	101
2 in–12	Lettres vendéennes, par Walsh.	V	12
3 in–12	Lettres vendéennes, par Walsh.	V	11
1 in–18	Lettres de Villiam, par Cobbett.	H	5
2 in–8	Lettres d'un voyageur malade.	V	21
1 in–12	Libre-penseuse, par G. du Vallon.	H R	1585
1 in–18	Libérateur (le) de l'Irlande.	H R	429
1 in–12	Lion (le) de Coëtavel, p. Mlle d'Ethampes.	H R	1179
1 in–18	Livre (le) des âmes.	R	158
2 in–12	Livre (le) des affligés.	H R	87
1 in–8	Livre (le) d'or, ou terre sainte illustrée.	V	38
1 in–32	Livre (le) d'or, ou l'humilité en pratique.	R	9
1 in–8	Livre (le) des écoliers.	H R	135

1 in-12	Livre (le) des enfants chrétiens.	H R	654
1 in-32	Livre (le) des classes ouvrières.	R	18
1 in-12	Livre (le) des familles, p. de Hohenlohe.	R	68
2 in-4	Livre (le) des familles, journal de M. le Curé.	H R	12
1 in-18	Livre (le) des jeunes personnes, par Collombet.	R	133
1 in-12	Livre (le) de la jeune femme chrétienne.	R	122
1 in-12	Livre (le) de la jeunesse, par Mme Foa.	H R	328
1 in-12	Livre (le) des jeunes filles, par Martin.	H R	146
1 in-12	Livre (le) de l'ouvrier, par Egri.	H	304
2 in-18	Livre (le) de Marie, mère de Dieu, par Collombet.	R	168
1 in-8	Livre (le) des psaumes, p. de Cardonnel.	R	12
1 in-8	Livre (le) de la sagesse, par Suso.	R	77
1 in-18	Livre (le) des vacances.	H R	210
1 in-8	Littérature française, par Saucié.	P L	95
1 in-12	Lizzi Maitland.	H R	741
1 in-12	Loisirs (les) du curé.	H R	89
1 in-8	Loisirs (mes), par Mme de Stolz.	H R	130
1 in-12	Louis et Abella.	H R	1123
1 in-12	Lory, par R. de Navery.	H R	1558
1 in-18	Louis le petit émigré, par Schmid.	H R	213
1 in-32	Louis le petit émigré.	H R	31
1 in-12	Louis XVI et Mme Elisabeth.	B P	151
1 in-4	Louis XVI, par de Falloux.	B P	30
1 in-8	Louis XVI, détrôné avant d'être roi.	P L	14
1 in-12	Louis XVI, par Proyart.	P L	24
6 in-8	Louis XVI, par Proyart.	B P	13
5 in-8	Louis XVI et ses vertus.	B P	13
1 in-12	Louis XVI, par de Falloux.	B P	72
2 in-8	Louis XVII, par de Beauchesne,	B P	58
1 in-12	Louis XIII et Richelieu, par Todière.	B P	110
1 in-18	Louise, ou la bonne femme de chambre.	H R	214
1 in-12	Louise, ou la première communion, par Vancelat.	H R	413
1 in-12	Louise, ou la jalousie corrigée, par Dérains.	H R	229
1 in-18	Louise et Elisabeth, par P. Marcel.	H R	215
1 in-12	Loup (le) blanc, par P. Féval.	H R	1541
1 in-12	Louve (la), par P. Féval.	H R	1246
1 in-12	Lorenzo, ou l'empire de la religion.	H R	203
1 in-18	Lorenzo, ou l'empire de la religion.	H R	211
1 in-12	Lorette et Castelfidardo, par Lafond.	H	111
1 in-18	Loyasse et ses rêves, par Lebon.	R	127

1 in-18	Lucie, ou la messe de minuit, par Mlle Gouraud.	H R	402
1 in-12	Lucie Trèche, par Mlle Emery.	H R	1358
1 in-12	Lucia de Montmor, par de Beugnon.	H R	961
4 in-18	Lucia de Mondella, par Manzoni.	H R	216
1 in-12	Lucien, ou l'adversité, par Lemercier.	H R	362
1 in-18	Lucien de Belleroche.	H R	415
1 in-12	Lucien de Seillan, par Marc.	H R	1003
1 in-12	Ludovic, ou le jeune artiste.	H R	657
1 in-8	Ludovic, ou la réhabilitation.	H R	198
1 in-12	Luis et Radigo, ou l'amitié aux prises avec l'ambition.	H R	280
1 in-12	Lurons (les) de la Ganse, par A. Giron.	H R	1577
	Lydia, ou la jeune Grecque, p. A. Giron.	H R	217
1 in-12	Lydia, par H. Geiger.	H R	809
2 in-8	Lyon ancien et moderne.	H	38
2 in-4	Lyon ancien et moderne, par Leymarie.	H	166
1 in-12	Lys (le) de Bruges, par Mlle Lachèse.	H R	1270
1 in-18	Lys (le) de la vertu.	H R	149

M

1 in-12	Mabel Vaugan, par Larau.	H R	1159
1 in-12	Mac-Grégor, ou scènes de la vie écossaise, par E. de Saint-Oulph.	H R	647
1 in-18	Machabée, ou religion et patrie, par Masse.	H R	218
2 in-8	Madame Barat, fondatrice du Sacré-Cœur.	B P	100
1 in-12	Madame Barat, fondatrice du Sacré-Cœur, par Baunard.	B P	197
1 in-12	Madame Elisabeth de France.	B P	150
1 in-12	Madame la Dauphine, mère de Louis XVIII, par le P. Régnault.	B P	43
2 in-12	Madame Rosély, par Mlle Moniot.	H R	890
1 in-12	Madame de Robur, par R. de Navery.	H R	1470
1 in-12	Madame de la Rochefoucault.	B P	189
1 in-18	Madame de Monteymart, par Mme Sainte-Marie.	H R	219
1 in-12	Madame Duchesne, par Baunard.	B P	216
1 in-12	Mademoiselle de Charmeilles, par Mlle Maréchal.	H R	1259
1 in-12	Mademoiselle France, par Delaunay.	B P	1438
1 in-12	Mademoiselle Lamouroux, dite la bonne mère, par Poujet.	B P	68

1 in-18	Mademoiselle Lambert de Barive, par Daniel.	B P	17
1 in-12	Mademoiselle de Neuville, par Mme Bourdon.	B P	711
1 in-12	Mademoiselle de Petit Vallon, par Witche.	B P	1127
1 in-12	Ma mère, sa vie, sa mort, par Mgr de Ségur.	B P	207
1 in-12	Madeleine, histoire chrétienne.	H R	433
1 in-12	Madeleine Miller, par R. de Navery.	H R	1395
1 in-12	Madeleine Green, par Mlle Maréchal.	H R	1173
1 in-12	Madeleine, récit d'Auvergne, par J. Kavanach.	H R	644
1 in-12	Madeleine Romain, par Mlle Lachèse.	H R	1453
1 in-12	Magali, par Mme de Stoltz.	H R	1554
2 in-12	Magasin des adolescents, par Mme Leprince de Beaumont.	H R	99
8 in-4	Magasin catholique.	H R	31
2 in-12	Magasin des enfants, par Mme de Beaumont.	H R	100
1 in-4	Magasin des enfants, par Mme de Beaumont.	H R	28
4 in-18	Magasin des jeunes dames, par Mme de Beaumont.	H R	220
1 in-12	Magasin des pauvres.	H R	101
1 in-4	Magasin pittoresque, plusieurs années, par Mme de Beaumont.	H R	1
3 in-4	Magasin universel.	H R	34
7 in-4	Magasin universel.	H R	34
1 in-12	Magistrats (les) célèbres de France.	B P	107
1 in-12	Magistrat (le), par R. de Navery.	H R	1557
1 in-8	Magnificence de l'Eucharistie, par de Turquais.	H R	85
1 in-12	Main (la) qui se cache, par R. de Navery.	H R	140
1 in-12	Main (la) de velours, par Mlle d'Ethampes.	H R	1084
1 in-18	Maître (le) d'école, par Fouinet.	H R	366
1 in-12	Maître Hoffman, par A. des Essarts.	H R	875
1 in-12	Maître Olivier, par Charles Dubois.	H R	1368
1 in-12	Maître le Tianec, par Mlle Lachèze.	H R	1533
1 in-12	Maison (la) du Cap, par Violeau.	H R	1295
1 in-12	Maison (la) modèle, par Mlle Maréchal.	H R	1282
1 in-12	Maison (la) de glace, ou le chasseur de Vincennes, par Bresciani.	H R	807

1 in-12	Maison (la) roulante, par Mme de Stoltz.	H R	1311
1 in-12	Maison (la) du sabbat, par R. de Navery.	H R	1145
1 in-12	Maison (la) à vapeur, par J. Verne.	H R	1466
1 in-12	Maîtresse et servante, par Quinton.	H R	1428
1 in-12	Malheur (le) du monde, par Baudon.	R	69
1 in-18	Malheur (le) du monde, par Baudon.	R	108
1 in-8	Mandarine, par Mlle Fleuriot.	H R	36
1 in-8	Mandement de Mgr de Boulogne.	R	11
1 in-18	Manette, ou la vache noire, par Mlle Trémadeure.	H R	221
1 in-12	Manifestation de la Providence, par Orse.	P L	95
1 in-12	Manoir (le) de Meyrial, par E. Giron.	H R	1484
1 in-12	Manoir et monastère, par Mlle Tissot.	H R	1365
1 in-12	Manoir des célibataires, par Maryan.		1517
1 in-12	Manrèse, exercices de saint Ignace.	R	160
1 in-12	Mansarde (une), par P. Jouannaud.	H R	513
2 in-12	Manteau (le) brun, par Devoille.	H R	161
1 in-12	Manuscrit (le) bleu.	H R	380
1 in-8	Manuscrit (le) de ma mère, par Lamartine.	B P	96
1 in-12	Manoël, aventures d'un jeune Espagnol.	H R	511
1 in-12	Manuel de charité, par Mullois.	H R	269
1 in-18	Manuel du chrétien.	H R	106
1 in-12	Manuel des demoiselles, veillées d'hiver, par Mme de Renneville.	H R	233
1 in-18	Manuel de la douce piété, par saint François de Sales.	R	172
1 in-8	Manuel général d'archéologie, par Bard.	P L	46
1 in-12	Manuel des jeunes femmes chrétiennes, par Chassay.	R	199
1 in-12	Manuel de la jeunesse française.	H R	102
1 in-18	Manuel du pénitent.	R	124
1 in-18	Manuel des pieuses ouvrières, par Ozanam.	R	166
1 in-12	Marcia, par Mme Bourdon.	H R	842
1 in-12	Marcien, par de Maricourt.	H R	946
1 in-18	Marcus Plantius, par Guénot.	H R	202
1 in-12	Marcel Laville, par H. de Pontrais.	H R	1363
1 in-12	Marcel le Savoyard, par Girard.	H R	599
1 in-12	Marcelle Dayre, par Mlle Maréchal.	H R	1570
1 in-18	Marcelin, ou l'existence du Purgatoire.	H R	357
1 in-12	Marga, par Mlle Fleuriot.	H R	1051
1 in-12	Margaret la transplantée, par Mlle Karr.	H R	1280

1 in-12	Margherita Pusterla, par C. Cantu.	H R	723
1 in-12	Marguerite, par Mlle Benoit.	H R	1069
1 in-12	Marguerite de Brillac, par Mme de Ro- sendal.	H R	1091
1 in-18	Marguerite, ou le dévouement d'une mère.	H R	240
1 in-12	Marguerite en fleur, par Lander.	H R	725
1 in-12	Marguerite de Noves, par Mlle de la Ponneraye.	H R	1257
1 in-12	Marguerite Robert, par Mlle Moneuse.	H R	429
1 in-12	Marguerite (la) de San Miniato.	H R	826
1 in-12	Maria, par Mme Bourdon.	H R	861
1 in-18	Maria.	H R	222
1 in-12	Mariage (un) en 93, par Lorrain.	H R	1043
1 in-12	Mariage (le) de Nancy, par M. Maréchal.	H R	1177
1 in-12	Mariage (le) de Thècle, par Mme Bour- don.	H R	1360
1 in-12	Marianne Aubry, par Mlle Gouraud.	H R	476
1 in-12	Marie, par Mme Benoit.	H R	830
1 in-12	Marie Lataste.	B S	132
1 in-12	Marie l'ange de la terre, par Mlle Fanny.	H R	457
1 in-8	Marie de Bourgogne, par Mlle Gerbier.	B P	89
1 in-18	Marie-Clotilde de France.	H R	421
1 in-12	Marie-Christine de Naples, par Postel.	B P	163
1 in-12	Marie Chassing, par Badin.	H R	1195
2 in-8	Marie dans les cieux, par P. Sauceret.	R	87
1 in-4	Marie, ou la jeune institutrice, par Mlle Trémadure.	H R	25
1 in-12	Marie de Kervou, par Mme Desvès.	H R	459
1 in-12	Marie de Langeville, par Nory.	H R	787
2 in-12	Marie de Longevialle, par Fillon.	B P	172
1 in-18	Marie et Laure.	H R	226
1 in-18	Marie, par Mme Guizot.	H R	223
1 in-12	Marie, par Mme Benoit.	H R	1366
1 in-18	Marie protége notre France.	R	152
1 in-12	Marie, ou le modèle de la piété, par Mme de Bassin.	H R	501
1 in-18	Marie et Juliette, ou simplicité et mo- destie, par Fortunat.	H R	225
2 in-12	Marie, ses gloires et ses souffrances, par Viart.	R	194
1 in-18	Marie et son père.	H R	227
1 in-12	Marie la muette.	H R	1397
1 in-12	Marie de Sancenay, par E. Delaunay.	H R	1359
1 in-12	Marie Stuart, par R. de Navery.	H R	747

1 in-12	Marie Stuart, par de Marlès.	B P	175
1 in-12	Marie Rose, par R. Garde.	H R	919
1 in-12	Marie Tudor, par Mme Bourdon.	B P	176
1 in-8	Marie-Thérèse en Hongrie, par Lokmaria.	B P	87
1 in-12	Marie, ou la vertueuse ouvrière, par Petit.	H R	379
1 in-12	Marins (les) célèbres de France, par de Montrond.	B P	104
1 in-12	Maroussia, par Stahl.	H R	1274
1 in-12	Marquis (le) de Pontcallec, par R. de Navery.	H R	1172
1 in-12	Marquis (le) de Roquefeuille, par des Essarts.	H R	1024
1 in-12	Marquise et pêcheur, par Mlle Fleuriot.	H R	716
2 in-12	Marpha, par Lamothe.	H R	1012
1 in-12	Marseille (de) à Jérusalem, par Lamothe.	H R	1420
1 in-12	Marthe Blondel, par Mme Bourdon.	H R	818
1 in-12	Marthe, par Mlle Guerrier de Haupt.	H R	1364
1 in-18	Marthe, ou la sœur hospitalière.	H R	228
1 in-12	Martine, par Vattier.	H R	1464
1 in-12	Martyrs (les) de Castelfidardo, par A. de Ségur.	H R	710
1 in-12	Martyrs (les) d'Asie, par dom Guéranger.	B S	97
2 in-12	Martyrs (les), par Mme de Hahn-Hahn.	B S	116
2 in-12	Martyrs (les) du Maine, par Perrin.	B P	32
4 in-8	Martyrs (les) de la foi pendant la révolution, par Guillon.	B S	2
1 in-8	Martyre de Louis XVI.	B P	14
1 in-12	Martyr (le) d'un secret, p. R. de Navery.	H R	72
4 in-12	Martyrs (les) de la Sibérie, par Lamothe.	H R	1013
1 in-12	Martyre (le) de saint Tharusias, par Prevost.	B S	145
1 in-12	Martyre (le) d'un père, par R. de Navery.	H R	1501
1 in-12	Mary et Mi-ka, par Aubray.	H R	1367
1 in-18	Marraine et filleule.	H R	76
1 in-12	Massacres des prisonniers de l'Abbaye.	H R	667
1 in-12	Mathilde et Gabrielle.	H R	98
1 in-12	Matin (le) et le soir, par Mme Bourdon.	H R	1021
1 in-8	Matinées (les) de la Gravière, par A. de Milly.	H R	129
1 in-18	Matinées (les) du mois de Marie.	R	107

1 in-4	Matinées (les) du printemps, par Champagnac.	H R	20
1 in-12	Maures (les) d'Espagne, par Biéchy.	H	49
1 in-18	Maurice, ou la confiance en Marie, par Laghelli.	H R	229
1 in-18	Maurice, histoire contemporaine, par Pereaut.	H R	162
2 in-12	Maurice de Guérin, par Tributien.	B P	169
1 in-8	Maurice de Saxe.	B P	63
1 in-12	Mauvais (les) jours, par Mlle Fleuriot.	H R	1005
1 in-12	Maximes pour se conduire dans le monde, par Clément.	R	258
1 in-12	Maximes et devoirs des pères et mères, par Arvisenet.	R	70
1 in-12	Maximes, par de Milly.	H R	1530
1 in-12	Maximilien Heller, par H. Cauvain.	H R	1058
1 in-12	Médaille (la) miraculeuse, par Aladel.	R	306
3 in-8	Médecins (le) des pauvres.	P L	75
1 in-12	Médecins (les) les plus célèbres.	B P	124
1 in-12	Médecin (un) sous la Terreur, par Lafon.	H R	1369
3 in-12	Méditations évangéliques, par Reyre.	R	202
1 in-18	Méditations sur les Evangiles.	R	65
1 in-18	Méditations sur les Evangiles.	R	64
1 in-18	Méditations sur l'Eucharistie, par Mgr de la Bouillerie.	R	138
1 in-18	Méditations de l'enfance.	H R	354
1 in-18	Méditations pour les dimanches de l'année, par Nonnet.	R	66
1 in-8	Méditations sur la passion, par Schellens.	R	85
1 in-12	Méditations sur la vie et la morale de Jésus-Christ.	R	235
1 in-12	Méditations sur la vie et la morale de Jésus-Christ, par Avancin.	R	214
5 in-12	Méditations selon saint Ignace.	R	217
8 in-12	Méditations spéculatives et pratiques, par Reynaud.	R	125
2 in-18	Méditations sur la vie de Jésus-Christ, par Avancin.	R	111
1 in-12	Méditations de Mme Swetchine, par de Falloux.	B P	173
1 in-8	Méditations et retraites, par Saint-Jure.	R	20
1 in-4	Mélanges de littérature.	P L	87
2 in-12	Mélanges de morale et de littérature, par Delacroix.	H R	397
1 in-18	Mélanie et Lucette.	H R	230

1 in-12	Mélite Béligny, par G. d'Ethampes.	H R		1433
4 in-8	Mélodies poétiques de la jeunesse, par Collombet.	P L		15
1 in-12	Mémorial sur la Révolution.	H		30
1 in-8	Mémoires authentiques sur le duc de Berry.	B S		54
1 in-18	Mémoires (les) d'un ange gardien.	H R		231
1 in-12	Mémoires d'un ange gardien.	H R		559
1 in-12	Mémoires d'un ancien serviteur, par Devoille.	H R		707
1 in-12	Mémoires de Bassompierre, par Postel.	B P		148
2 in-8	Mémoires du cardinal Consalvi, par Crétineau-Joly.	H		164
2 in-8	Mémoires du cardinal Pacca, par Simonet.	H		44
2 in-12	Mémoires du cardinal Pacca, par Simonet.	H		100
1 in-12	Mémoires du chevalier de Pontis, p. Orse.	B P		149
1 in-12	Mémoires d'un curé de campagne, par Devoille.	H R		544
1 in-4	Mémoires d'un centenaire, par de Saillet.	H R		21
1 in-12	Mémoires d'une mère de famille, par Devoille.	H R		578
4 in-8	Mémoire sur le jacobinisme, par Baruel.	H		138
4 in-8	Mémoire sur le jacobinisme.	P L		68
2 in-12	Mémoire sur le jacobinisme.	H		17
1 in-8	Mémoires de Mme de la Rochejacquelein.	H		18
1 in-12	Mémoires d'un prisonnier d'Etat, par Andryane.	H		31
1 in-12	Mémoires d'un petit garçon, par Mlle Gouraud.	H R		862
1 in-12	Mémoires d'un proscrit, p. Mme de Lalaing	H R		1459
1 in-12	Mémoires d'une sœur de charité, par Mme Gagne.	H R		1352
4 in-8	Mémoires pour servir à l'histoire ecclésiastique.	H R		79
1 in-12	Mémoires d'un troupier, par A. de Ségur.	H R		642
1 in-12	Mémoires d'un vieux paysan, p. Devoille	H R		483
1 in-12	Mémoires (mes), par A. de Pontmartin.	H R		1594
2 in-8	Mémorial de la vie chrétienne, p. de Grenade.	R		27
1 in-18	Mémorial des vierges chrétiennes, par Arvisenet.	R		105
3 in-18	Mémoires sur la vie et la congrégation de saint Liguori, par Tannoga.	B S		12

1 in-12	Ménage (le) d'Henriette, par Mme Bourdon	H R	1009
1 in-12	Mendez Pinto, par Caudau.	H R	169
1 in-12	Mendiant (le) noir, par P. Féval.	H R	1277
2 in-12	Mendiant (le), par Devoille.	H R	377
1 in-12	Mentor (le) des enfants, par Reyre.	H R	653
2 in-18	Mer (la), ou nouvelle histoire des nau-frages, par Fontaine de Rosbecq.	H R	232
1 in-8	Mercenaires (les), par Cahun.	H R	112
1 in-18	Mère (la) et la fille, par Mme Guizot.	H R	233
1 in-12	Mère (la) Sainte-Euphrasie, par Sanson.	H R	471
1 in-12	Mère (la) Valentin, par Mme de Savignac.	H R	228
1 in-12	Mères (les) chrétiennes, par Martin.	R	309
1 in-18	Mérence, ou pieuse résignation.	H R	446
1 in-12	Meroon, ou le barde des Gaules, par de Vendôme.	H R	265
2 in-12	Merveilles (les) en Asie, par de Marlès.	V	75
1 in-12	Merveilles amusantes, par Mme de Bassanville.	H R	776
3 in-12	Merveilles de l'Europe, par de Marlès.	V	66
1 in-12	Merveilles de l'industrie, par A. Mangin.	H R	412
2 in-12	Merveilles du monde, par Propiac.	V	65
1 in-18	Merveilles de la nature, par Delacroix.	H R	234
1 in-12	Merveilles de la nature en Océanie, par de Marlès.	V	76
1 in-12	Merveilles (les) du mont Saint-Michel, par P. Féval.	H R	1518
1 in-18	Messager (le) de l'éternité, par Drexelius.	R	67
1 in-12	Mes héritages, par Mlle Fleuriot,	H R	1067
1 in-12	Mes derniers adieux et mes conseils.	R	183
1 in-8	Mes paillettes d'or.	H R	180
1 in-8	Mes prisons, par Silvio Pellico.	H R	18
1 in-12	Mes prisons.	H R	107
2 in-18	Mes prisons.	H R	235
1 in-8	Mes souvenirs, par Mme de Montrond.	H R	179
1 in-12	Mes vacances en Italie, par Moreau.	H R	373
1 in-18	Méthode et puissance de la prière, par Lemaître.	R	119
1 in-12	Métiers (les) infâmes, p. Lamotte.	H R	1220
1 in-12	Michaël, par de Santis.	H R	179
1 in-18	Michel et Bruno, par Mme Farrenc.	H R	238
1 in-18	Michel et François, par M. Fortunat.	H R	237
1 in-12	Michel Soudais, par Guénot.	H R	903
2 in-12	Michel Strogoff, par J. Verne.	H R	1138
1 in-12	Mignonnette, par Mme de la Rochère.	H R	1463
1 in-18	Minéraux (les), par Mme Trémadure.	H R	170

1 in-18	Miséricorde et Providence.	H R	386
1 in-12	Misérables (les) d'autrefois, par M. Le Prévost.	H R	1361
1 in-12	Miss Adda, par M. Pierre.	H R	1292
1 in-12	Miss Idéal, par Mlle Fleuriot.	H R	1097
1 in-12	Missions d'Amérique, par de Montrond.	H	54
1 in-8	Missions catholiques, par Ray.	V	62
1 in-12	Missions de Cayenne et la Guyane française.	H R	363
1 in-12	Mission d'Eugénie de Guérin, par Pauthe.	B P	180
1 in-12	Missions du Levant, par de Montrond.	V	44
1 in-12	Missions du Levant.	H	43
2 in-8	Missions du Maduré, par Bértrand.	V	42
1 in-12	Missions de l'Orégon et voyages dans les montagnes rocheuses, par de Semet.	H R	405
1 in-4	Missions catholiques illustrées.	V	73
2 in-12	Mission (la) de Marguerite, par du Campfranc.	H R	1589
1 in-12	Missionnaire (le) de la terre maudite, par R. de Navery,	H R	953
1 in-12	Modèle des chrétiens dans le monde, par P. Pouget.	B P	135
1 in-18	Modèle des jeunes gens, par Proyart.	B S	23
1 in-12	Modèle des jeunes gens, ou vie de Pelletier, par Proyart.	B P	105
1 in-12	Modèle de perfection chrétienne dans la vie de sainte Thérèse.	R	168
1 in-8	Modèle de la piété.	B P	26
1 in-12	Modèle de la piété.	B S	80
1 in-12	Modèle d'une tendre dévotion à la mère de Dieu, par Carron.	B S	72
1 in-12	Modèle des veuves, ou vie de Virginie Brunier, par Ventura.	B P	121
3 in-12	Mœurs des Américains.	V	14
2 in-8	Mœurs chrétiennes, par Digeby.	R	91
1 in-12	Mœurs et coutumes des Français, par Legendre.	H	55
1 in-12	Mœurs des Israélites et des chrétiens, par Fleury.	P L	25
1 in-8	Mœurs des Israélites, par Fleury.	P L	91
1 in-12	Mœurs et usages de la Chine.	V	13
1 in-12	Monarque (un) au violon, par E. Marcel.	H R	1551
1 in-12	Mois de Marie.	R	198
1 in-18	Mois (le) des âmes chrétiennes.	R	462
1 in-8	Moines (les) et leur influence, par Martin.	H	165

1 in-12	Moines (les) en Gaule, par Montalembert.	H	124
2 in-12	Moine (le) de Luxeuil, par Devoille.	H R	487
1 in-12	Mon cher petit cahier.	R	299
1 in-12	Mon oncle Ambroise.	H R	866
1 in-12	Mon sillon, par Mlle Fleuriot.	H R	975
1 in-8	Monde (le) d'Amérique.	V	44
1 in-8	Monde (le) d'Allemagne.	V	44
1 in-8	Monde (le) d'Angleterre.	V	44
2 in-8	Monde (le) de France.	V	44
1 in-8	Monde (le), Grèce et Italie.	V	44
1 in-8	Monde (le), Russie, Suède et Danemark.	V	44
1 in-12	Monde (le) avant le Christ.	R	152
1 in-12	Monde (le) souterrain, ou merveilles géologiques, par de Longchêne.	R	268
1 in-12	Monique la Savoisienne, p. R. de Navery	H R	40
1 in-12	Monopole universitaire.	P L	845
1 in-12	Mgr Dupanloup, par de Falloux.	B P	202
1 in-12	Monsieur (un), ou campagne et ville, par E. Marcel.	B P	1403
1 in-12	Monsieur Dupont, par L. Aubineau.	B P	209
1 in-12	Montrépan (les), par Daurozi	H R	1427
1 in-12	Mont-Jouy, ou erreur et repentir, par d'Avigny.	H R	773
1 in-12	Mont (le) Valérien.	H R	460
1 in-12	Montvert, par Mlle de Rivière.	H R	1593
1 in-12	Montagnards (les) d'Oberammergau, par Turck.	H R	1475
1 in-8	Monuments de Paris, par Walsh.	H	135
1 in-18	Morale en action, par Handy.	H R	441
1 in-12	Morale en action.	H R	108
1 in-4	Morale en action.	H R	11
1 in-8	Morale chrétienne.	H R	51
1 in-8	Morale chrétienne.	P L	44
2 in-12	Morale chrétienne en action.	H R	518
1 in-12	Morale du christianisme.	R	96
1 in-18	Morale du christianisme.	R	68
2 in-12	Morale des enfants de Marie, p. Taillard.	B P	143
1 in-12	Morale (la) en histoire, par L. Guerin.	H R	222
2 in-12	Morale tirée des Confessions de saint Augustin, par Grou.	R	218
1 in-8	Moralistes anciens.	P L	74
1 in-18	Moralités et allégories.	H R	239
1 in-18	Morceaux choisis de Fénelon.	L P	11
1 in-18	Morceaux choisis de Fléchier, Bourdaloue, Bossuet.	R	27

1 in–18	Morceaux choisis de Buffon.	P L	12
1 in–12	Morceaux choisis de l'histoire de l'E-glise, par Bonnety.	H	56
2 in–12	Morceaux choisis des prophètes, par Champion de Milon.	R	74
1 in–18	Morceaux choisis de Fléchier.	P L	14
1 in–8	More (le) de Grenade, par Guénot.	H R	81
1 in–12	Mort d'Abel, par Gessner.	P L	93
1 in–8	Mort (de la) avant l'homme, par R. de Lorgues.	P L	55
1 in–8	Mort d'un enfant impie, par Beauterne.	B P	23
1 in–18	Mort funeste des impies, p. d'Exauvillez.	H R	244
1 in–8	Morts héroïques pendant la guerre de 1871.	H R	55
3 in-4	Mosaïque du Midi, ou le livre de tout le monde.	H R	7
1 in-4	Mosaïque (la) nouvelle.	H R	38
1 in–18	Motifs de conversion de dix ministres an-glicans, par J. Gondon.	R	57
1 in–12	Motifs déterminatifs d'embrasser la foi catholique.	R	148
1 in–12	Motifs qui ont ramené à l'Eglise catho-lique, par Rohrbacher.	R	270
2 in–12	Motifs qui ont ramené un grand nombre de protestants.	R	76
2 in–12	Mot (le) de l'énigme, par Mme Craven.	H R	1198
1 in–12	Mouchoir (le) perdu, par Mme Gay.	H R	520
1 in–12	Mousse (le) du Finistère, par Muller.	H R	629
1 in–12	Moyens de salut.	R	166
1 in–18	Moyens de perfection.	R	69
1 in–8	Moyen (le) âge.	H	171
in-4	Musée (le) des familles.	H R	35
4 in-4	Musée religieux, ou choix des plus beaux tableaux des sciences.	P L	100
1 in–12	Musicien (le) de Dugine, par Bourgeois.	H R	1044
1 in–12	Mystères de Machecoul, par Lamothe.	H R	1052
4 in–12	Mystères (les) de la persévérance, par Delmas.	H R	1490

N

1 in–18	Nadir, par Mme Guizot.	H R	241
1 in–12	Nadiège, par Lamothe.	H R	1432
1 in–12	Nancy Vallier, par Mme Gagne.	H R	1382
1 in–12	Napoléon et Diocléa, par Langlade.	H R	918

1 in-12	Nathalie, ou les dangers des préventions, par Mme Delafaye-Brehier.	H R	191
1 in-8	Nations (les) frémissantes contre Jésus-Christ et son Eglise, par Lemann.	R	308
1 in-18	Nathalie, ou la piété nous rend heureux.	H R	242
1 in-12	Nathalie, par Mme Delafaye-Brehier.	H R	168
1 in-12	Nattes, par L. Veuillot.	H R	303
1 in-12	Nature (la) et ses productions, par Jacquemin.	H R	110
1 in-12	Naufrages et aventures du capitaine Wilson.	H R	560
1 in-12	Naufrages d'un capitaine hollandais, par E. de Sainte-Croix.	V	87
1 in-18	Naufragé (le) dans l'Ile déserte.	H R	243
1 in-12	Naufrages (les).	H R	15
1 in-12	Naufragé (le) dans l'île déserte.	H R	190
1 in-12	Naufrages (les) au Spitzberg.	H R	111
1 in-12	Naufragés (les), par Mayne-Reid.	H R	1191
1 in-18	Nègre (le) canonisé, ou vie de Benoît le Maure.	B S	40
1 in-18	Neuvaine au Sacré Cœur de Jésus, par Baudrand.	R	70
1 in-8	Neveu (le) de l'oncle Placide, p. Girardin.	H R	120
1 in-12	Nid d'hirondelles, par E. Marcel.	H R	1016
1 in-12	Nièces (les) de la baronne, par Mme de la Rochère.	H R	1555
1 in-12	Nina l'incorrigible, par Mlle Monniot.	H R	430
1 in-12	Nobles (les) cœurs, par Léon Guérin.	H R	884
1 in-4	Noblesse (la) de France aux croisades, par P. Roger.	H R	6
1 in-12	Noblesse oblige, par Mme Fallet.	H R	588
1 in-18	Noël, par Mme Couvelaire.	R	245
1 in-18	Noël, par Mme Couvelaire.	R	163
1 in-18	Noémi, poème en six livres, par Populus.	H R	246
1 in-12	Notice sur la vie de M. Dufriche-Desgenettes, par de Valette.	B P	155
1 in-8	Notice sur la vie de Gabriel Marie.	B P	40
2 in-12	Notre-Dame de consolation, par Devoille.	H R	316
1 in-12	Notre-Dame du Laus.	H R	562
1 in-8	Notre-Dame du bon secours, ou l'orphelin du monastère.	H R	159
1 in-12	Notre-Dame de Lourdes, p. H. Lasserre.	R	271
1 in-12	Notre-Dame de Lorette, par Caillan.	H	29
1 in-8	Notre-Dame de Fourvière, par Cahours.	H	21

1 in-12	Notre-Dame de Fourvière.		R	249
1 in-12	Notre capitale Rome, par Mⁱˡᵉ Fleuriot.	H R		1093
1 in-12	Notre passé, par Mⁱˡᵉ Fleuriot.	H R		1001
1 in-8	Nous autres, par Girardin.	H R		118
2 in-12	Nouveaux Béarnais, par Mᵐᵉ Delafaye-Brehier.	H R		124
2 in-12	Nouveaux Béarnais, par Mᵐᵉ Delafaye-Brehier.	H R		114
1 in-18	Nouveaux petits contes, par Schmid.	H R		273
1 in-12	Nouveaux justes dans les conditions ordinaires.	B S		27
2 in-12	Nouveau Robinson Cruosé, p. T. Fouinet.	H R		139
1 in-12	Nouveau Robinson.	H R		1032
1 in-12	Nouveaux souvenirs d'une mère de famille, par Mᵐᵉ Woillez.	H R		477
1 in-12	Nouveaux souvenirs de voyage, par Marmier.	H R		352
1 in-8	Nouveaux traités de géologie, par A. Géraudet.	P L		39
2 in-12	Nouveau théâtre de la jeunesse, par Mⁱˡᵉ Gérard.	H R		626
1 in-12	Nouveau Testament, par de Sacy.		R	161
1 in-8	Nouveau Testament latin et français.		R	43
1 in-12	Nouvelles chrétiennes.	R R		450
1 in-12	Nouvelles de charité, par R. de Navery.	H R		950
1 in-12	Nouvelles diverses, par C. Qurliac.	H R		308
1 in-12	Nouvelles du dimanche, par de Rogne.	H R		1122
1 in-12	Nouvelles du Nord, par Marmier.	H R		1574
1 in-12	Nouvelle exposition du dogme catholique, par de Grenade.		R	37
1 in-12	Nouvelle exposition du dogme.		R	200
1 in-12	Nouvelles historiques, par Mᵐᵉ Bourdon.	H R		744
1 in-8	Nouvelle lyonnaise, par Balleydier.	H R		8
1 in-8	Nouvelles lettres de Mᵐᵉ Swetchine.	B P		102
1 in-18	Nouvelles lettres de William, par C. Ravensberg.	H		5
1 in-12	Nouvelles maritimes, par Mᵐᵉ Fallet.	H R		827
1 in-12	Nouvelles morales, par d'Exauvillez.	H R		113
1 in-12	Nouvelles morales, par Mᵐᵉ de la Rochère.	H R		538
1 in-12	Nouvelle morale en action.	H R		314
1 in-12	Nouvelles morales des faubourgs de Paris, par Arnaud.	H R		703
1 in-12	Nouvelles merveilles de la nature en France.	H R		106

1 in-12	Nouvelles sur les missions de Chine.	V	83
1 in-12	Nouvelles, par Venet.	H R	1383
2 in-18	Nouvelles religieuses, par Mᵐᵉ Tarbé des Sablons.	H R	247
1 in-12	Nouvelles et récits villageois, par J. Lander.	H R	923
1 in-12	Nouvelles scènes du monde réel, par Mˡˡᵉ Trémadure.	H R	815
1 in-12	Nouvelles scènes de la vie chrétienne, p. E. de Margerie.	H R	996
1 in-12	Nouvelles scènes de la vie hongroise, par C. de la Tour.	H R	997
1 in-12	Nouvelles scènes variées, par Mᵐᵉ Bourdon.	H R	1400
1 in-12	Nouvelles veillées bretonnes, par Violeau.	H R	575
1 in-12	Nouvelliste (le) de la jeunesse, par Blanchard.	H R	112
1 in-8	Nuits d'Athènes, par L. Albrieux.	P L	71
1 in-18	Nuit (la) porte conseil.	H R	433
1 in-12	Nysa, par A. de Labadye.	H R	920

O

1 in-12	Obéissance (l') enseignée aux enfants, par Dumas.	H R	802
2 in-12	Observation fidèle des commandements de Dieu.	R	71
1 in-12	Océanie (l') d'après les voyageurs les plus célèbres.	V	60
1 in-12	Océola le grand chef, par Mayne-Reid.	H R	1242
1 in-8	Octavius (l') de Minutius, par F. Péricaud.	R	25
1 in-12	Odyssée (l') d'Antoine, p. R. de Navery.	H R	895
1 in-12	Œil de feu, par J.-B. Dauriac.	H R	1031
1 in-12	Oronoko, par P. Chauvierre.	H R	1580
1 in-32	Œufs (les) de Pâques.	H R	27
1 in-18	Œuvres de Bourdaloue.	R	72
3 in-12	Œuvres de Bourdaloue.	R	83
1 in-8	Œuvres de Buffon.	R	24
62 in-12	Œuvres de Bossuet.	R	134
5 in-12	Œuvres spirituelles de Berthier.	R	255
1 in-12	Œuvres du bienheureux Suso.	R	245
2 in-8	Œuvres de saint Cyrille, par Feuvre.	R	24
1 in-8	Œuvres de sainte Catherine de Gênes.	R	99

10 in-8	Œuvres de Fénelon.	R	32
10 in-8	Œuvres de Fénelon, par Saucié.	P L	66
2 in-12	Œuvres spirituelles de Fénelon, par Genoude.	R	78
4 in-12	Œuvres de Fénelon.	R	77
1 in-12	Œuvres de Huby.	R	223
2 in-12	Œuvres de l'abbé Fleury, p. E. Martin.	P L	64
11 in-12	Œuvres de l'abbé Carron.	B S	27
6 in-12	Œuvres de l'abbé Carron.	B S	27
2 in-12	Œuvres de l'abbé Carron.	B S	27
5 in-18	Œuvres de Louis de Blois, par Gaudin.	R	131
3 in-12	Œuvres de Liguori.	R	123
1 in-8	Œuvres de Proyart, l'écolier vertueux.	B P	37
3 in-8	Œuvres philosophiques de Raimbourg.	P L	16
1 in-32	Œuvres de dom Palafox.	R	11
1 in-8	Œuvres de Racine.	P L	49
7 in-8	Œuvres de Rollin.	H	101
8 in-8	Œuvres de Rollin (histoire romaine).	H	102
2 in-8	Œuvres de Salvien.	R	23
1 in-12	Œuvres de Schmid, par F. de Pétigny.	H R	26
14 in-12	Œuvres de Schmid.	H R	415
6 in-12	Œuvres de sainte Thérèse, p. d'Andilly.	R	79
4 in-4	Œuvres de sainte Thérèse, par Migne.	R	35
2 in-8	Œuvres de sainte Thérèse, par Bouix.	R	35
1 in-8	Œuvres de saint Vincent et saint Eucher, par Collombet.	R	19
1 in-18	Oiseaux (les), par Mlle Tremadure.	H R	171
1 in-12	Olga, ou le dévouement filial, par E. Faucon.	H R	767
1 in-18	Olympe et Adèle, p. Mme Sainte-Marie.	H R	249
1 in-12	Oncle et neveu, par Gérard.	H R	525
1 in-8	Oncle (l') Placide, par Girardin.	H R	119
1 in-32	Oncle (l') Sévère.	H R	25
1 in-8	Oncle (l') Trésor, par Mlle Fleuriot.	H R	916
1 in-12	Opuscules de Bossuet.	R	220
1 in-18	Oramaïka.	H R	250
1 in-12	Oraisons funèbres, par Bossuet.	R	80
1 in-12	Oraisons funèbres.		58
1 in-18	Ordre et désordre, par Mlle Brun.	H R	251
1 in-8	Ordre (l') surnaturel, par Gridel.	P L	57
1 in-12	Orgueil et pauvreté, par Villars.	H R	526
1 in-12	Orient et Galilée.	V	119
1 in-18	Origine du culte de Marie, par Rollet.	R	176
1 in-12	Orphelin (l'), ou les deux adoptions.	H R	468
1 in-12	Orphelin (l') allemand, par de Marlès.	H R	213

1 in-12	Orphelins (les) de la Beauce.	H R	595
1 in-18	Orphelins (les) juifs.	H R	412
1 in-12	Orpheline (l') de Moscou, p. Mme Voillez.	H R	115
1 in-32	Orpheline (l') du Tyrol.	H R	29
1 in-18	Orpheline (l') de la veuve, p. de Sussan.	H R	437
1 in-12	Orpheline (l') de Jaumont, p. Lamothe.	H R	1041
1 in-12	Orphelin (l') d'Orval, par Mlle Notteret.	H R	1374
1 in-12	Orpheline (l'), par Mme Bourdon.	H R	1162
1 in-12	Orléans, ou la France au xve siècle, par Foussette.	H R	260
1 in-12	Otto Gartner, par M. de Livonière.	H R	1014
1 in-4	Ouvrier (l').	H R	43
1 in-18	Ouvrier (l') philosophe.	H R	252
1 in-12	Ouvrier vendéen, par Paulin	H R	1128
1 in-18	Ouvroir (l').	H R	422
1 in-8	Ours (les), par Niéritz.	H R	89

P

1 in-4	Païens (les) et les chrétiens, par de Ségur.	H R	45
1 in-12	Païens (les) et les chrétiens, p. de Ségur.	H R	245
1 in-12	Pain (le) quotidien, par Mme Bourdon.	H R	1168
1 in-32	Palais (le) de l'amour divin.	R	12
1 in-12	Panorama (le) de l'univers, p. de Cressé.	H	78
1 in-8	Paraboles de Krumacher, par Taillec.	H R	5
1 in-12	Paraboles et légendes, par H. Violeau.	H R	556
1 in-12	Parasol et Compagnie, par R. de Navery.	H R	1171
1 in-12	Paradis (le) perdu, par Milton.	P L	26
1 in-18	Paradis (le) sur la terre, par Ribier.	R	73
1 in-12	Par-dessus la haie, par Mme de Stolz.	H R	1314
1 in-12	Pardon (le) du moine, par R. de Navery.	H R	1134
1 in-12	Parente (une) pauvre, p. Mme Bourdon.	H R	878
1 in-18	Parfait (le) domestique, par d'Exauvillez.	B S	24
1 in-18	Parfait (le) domestique, par d'Exauvillez.	H R	343
1 in-18	Parfait (le) modèle.	B S	42
1 in-12	Parfaite (la) religieuse, par Marin.	R	191
1 in-12	Parias (les) de Paris, par R. de Navery.	H R	1106
1 in-8	Paris catholique au xixe siècle, par Mme Dubois.	H	110
1 in-18	Parisien (le) et le Savoyard, par Zaghelli.	H R	254
1 in-12	Parisienne (une) sous la foudre, par Mlle Z. Fleuriot.	H R	1034
1 in-12	Paroisse (une) vendéenne, par Quatrebarbes.	H R	117

1 in-12	Parrain (le) d'Antoinette, par Mlle Maréchal.	H	R	1394
1 in-12	Paroles mémorables, par Brottier.	B	P	33
1 in-12	Parvenus (les), par P. Féval.	H	R	1542
1 in-8	Passe-temps, par de Tainville.	H	R	47
1 in-12	Passe-temps moral, ou la vertu mise en action, par Mme Foucault.	H	R	118
2 in-8	Passions (les) dans leurs rapports avec la religion, par Béloins.	P	L	45
1 in-12	Passion (la) de J.-C., par de Cazalès.		R	308
1 in-12	Pastorales (instructions).		R	82
1 in-18	Pater (le) médité, par Herbet.		R	35
1 in-18	Pater (le).		R	145
1 in-12	Patira, par R. de Navery.	H	R	1399
1 in-12	Patrick O'Byrn, par Lamothe.	H	R	1537
1 in-18	Patriarche (le) des Vosges.	H	R	255
1 in-18	Patronne (la) du village.	H	R	256
1 in-12	Paule de Corlay, par de Pontrais.	H	R	1401
1 in-12	Paul, par Guérinod.	H	R	119
1 in-18	Paul et Georges.	H	R	258
1 in-18	Paul et Edouard.	H	R	257
1 in-12	Paul et Marie, par Macket.	H	R	530
1 in-12	Paul Odelin, par Aliviant.	H	R	1125
1 in-12	Paul et Virginie.	H	R	120
1 in-12	Pauline, ou courage et prudence, par Mme Sainte-Marie.	H	R	259
1 in-12	Pauline-Marie Jaricot.	B	P	211
1 in-12	Pauvre Jacques, par Mme Delafaye-Bréhier.	H	R	182
1 in-12	Pauvre (ce) vieux, par Z. Fleuriot.	H	H	1030
1 in-18	Pauvre orphelin.	H	R	260
1 in-12	Paysans (les) illustres, par Kart.	B	P	59
1 in-18	Paysans (les) norvégiens.	H	R	387
1 in-12	Paysan (le) soldat, par Devoille.	H	R	133
1 in-12	Paysanne et comtesse, par Villars.	H	R	643
1 in-12	Pays (le) des fourrures, par J. Verne.	H	R	1071
1 in-12	Pazzini et Sylvia, par Gueullette.	H	R	132
1 in-12	Pèlerinages de Bretagne, par Violeau.	H	R	1419
3 in-12	Pèlerinage à Jérusalem.		V	15
1 in-18	Pèlerinage de Christian, par J. Bunyan.	H	R	431
1 in-18	Pèlerinage d'un chrétien.	H	R	261
2 in-18	Pèlerinage d'une jeune fille à Jérusalem, par Gaucheraud.	H	R	262
1 in-12	Pèlerinage de grâce, par Emery.	H	R	1004
1 in-12	Pèlerinage suisse.		V	16

1 in-12	Peintre (le) à la violette, par Mlle Karr.	H R	1595
2 in-8	Peintres (les) de Suisse, par Veuillot.	V	10
1 in-18	Peintre (le), ou Elisa de Belmont.	H R	261
1 in-12	Peintres (les) célèbres, par A. des Essarts.	B P	28
1 in-12	Peintres (les) célèbres, par Valentin.	B P	28
1 in-12	Peintres (les) célèbres, par Montrond.	B P	28
1 in-32	Pensée (la).	H R	28
3 in-12	Pensées de Bourdaloue.	R	83
1 in-12	Pensées de Massillon.	R	85
1 in-12	Pensées d'Humbert sur les vérités de la religion.	R	84
1 in-12	Pensées de Pascal.	P L	28
1 in-12	Pensées sur différents sujets de morale et de piété.	R	85
1 in-12	Pensées diverses relatives aux erreurs du temps, par dom Janin.	P L	84
1 in-32	Pensez-y bien, par Sabatier de Castres.	R	13
1 in-12	Perdue, par Gréville.	H R	1524
1 in-8	Père (le) Gratry, par Mgr Perrault.	B P	93
1 in-12	Père (le) Charles Syre.	B S	146
1 in-8	Père (le) Lacordaire, par P. Chocarne.	B P	95
1 in-18	Père (le) des malheureux.	B S	35
2 in-18	Père (le) Kœing.	H R	268
1 in-12	Père (le) des pauvres, par Dolée.	B P	119
1 in-12	Père (le) la Pensée, par Mme de Saintes.	H R	219
1 in-12	Père (le) Lacordaire à Sorrèze, par Lacointa.	B P	243
4 in-12	Père (le) Milleriot, par Clair.	B P	173
1 in-12	Périne, par Buignon.	H R	921
1 in-12	Perle (la) cachée, par Wiseman.	H R	834
1 in-12	Perle (la) de la Djalmara, par Paul Siegwart.	H R	1258
1 in-12	Perles vraies, par X. de Pontrais.	H R	1329
6 in-12	Perfection chrétienne, par Rodriguez.	R	87
1 in-12	Perfectionnement de l'éducation des filles, par Mme de Bassanville.	H R	728
4 in-4	Perpétuité de la foi, par P. Renaudot.	R	44
1 in-8	Persésution et souffrances de l'Eglise en Russie.	H	39
1 in-12	Persévérance chrétienne.	R	88
1 in-12	Péruvienne (la), par R. de Navery.	H R	1469
1 in-18	Péters, ou épisode d'un voyage en Suisse.	H R	269
1 in-12	Petits (les) astronomes.	H R	123

2 in-12	Petits (les) Béarnais, par Mme Delafaye-Bréhier.	H R	124
1 in-32	Petit (le) berger.	H R	30
1 in-18	Petit (le) Carême de Massillon.	R	74
1 in-18	Petit cours de morale.	R	34
1 in-12	Petit (le) chevrier du Cantal, par Champagnac.	H R	590
1 in-12	Petits contes d'une mère.	H R	214
1 in-18	Petit (le) conteur allemand, par Krumacher.	H R	270
1 in-12	Petits (les) enfants, par Mme de Witt.	H R	1089
1 in-12	Petits (les) émigrés.	H R	399
1 in-4	Petits (les) fils d'Emaï, ou la Nouvelle-Zélande.	H R	49
1 in-12	Petit (le) Grandisson, par Berquin.	H R	528
1 in-12	Petits et grands, par M. de Livonnière.	H R	709
1 in-12	Petit (le) Jehan, par Girard.	H R	610
1 in-12	Petit (le) matelot, par de Mirval.	H·R	122
1 in-18	Petit manuel, ou la douce piété, par saint François de Sales.	R	172
1 in-18	Petit manuel, par saint François de Sales.	R	44
1 in-32	Petit (le) mouton.	H R	32
1 in-8	Petit (le) muet de Fribourg, par G. Niéritz.	H R	78
1 in-12	Petits (les) musiciens, par Mme Foa.	H R	550
1 in-18	Petit (le) naturaliste.	H R	391
1 in-12	Petits (les), par R. de Navery.	H R	1421
1 in-12	Petit Pierre et Michelette, par de Saintes.	H R	212
1 in-12	Petit chef de famille, par Mlle Fleuriot.	H R	1566
1 in-18	Petits (les) peintres, par Mme Foa.	B P	10
1 in-18	Petit (le) Savinien, par Mme de Renneville.	H R	365
1 in-12	Petit (le) Savoyard, par Mme de Savignat.	H R	199
1 in-18	Petit (le) Savoyard.	H R	272
1 in-12	Petit sermon où on ne dort pas, par Bertrand.	H R	941
1 in-12	Petits sermons, par Thomas.	R	209
1 in-12	Petit théâtre pour les jeunes filles, par Mme Farrenc.	H R	326
1 in-18	Petit traité sur les vertus, par Roberti.	R	113
3 in-12	Petits traités sur la religion, par Millet.	R	234
1 in-12	Petits (les) vagabonds, par Mme Marcel.	H R	971
1 in-12	Petite belle, par Mlle Fleuriot.	H R	981

1 in–18	Petites causes peu célèbres, par Charbonnier.	H R	375
1 in–12	Petite (la) concierge, par Mlle Monniot.	H R	1035
1 in–12	Petite (la) compagne d'étude, par Mme Delafaye-Bréhier.	H R	46
1 in–18	Petite (la) chapelle, par Voiart.	H R	380
1 in–8	Petite (la) chouannerie, par Rio.	H R	4
1 in–12	Petite chronique de l'histoire de France, par Mazure.	B P	83
1 in–12	Petite fleur du cloître, par Darras.	R	297
1 in–12	Petite (la) fille aux grand'mères, par Mme de Witt.	H R	1319
2 in–12	Petite galerie historique, par J. Bolo.	H R	391
1 in–12	Petite galerie maritime.	V	71
1 in–12	Petite et grande, par Mlle Gouraud.	H R	1306
1 in–8	Petit jardin spirituel, par Genson.	R	76
2 in–12	Petites lectures.	H R	327
8 in–12	Petites lectures.	H R	427
1 in–18	Petite (la) Marie.	H R	427
1 in–12	Petite (la) Madeleine, par de Saintes.	H R	208
1 in–18	Petite (la) mendiante, par P. Marcel.	H R	271
1 in–12	Petite (la) reine blanche, par Champagnac.	H R	949
1 in–12	Petite (la) reine des Korigans, par Mlle G. d'Ethampes.	H R	1165
1 in–8	Petite (la) petite duchesse, par Mlle Fleuriot.	H R	108
1 in–12	Petite sœur, par E. Marcel.	H R	1346
1 in–12	Petite (la) sœur des pauvres.	H R	1389
1 in–12	Petite (la) promise, par Mlle France.	H R	1301
2 in–12	Petites (les) filles de Mme Rosély, par Mlle Moniot.	H R	1473
1 in–12	Peuples (les) étranges, par Mayne-Reid.	V	113
2 in–18	Peuple (le) ramené à la foi,	H R	275
1 in–12	Phénomènes (les) de la nature, par Mme Marl.	H R	338
1 in–8	Philippe-Auguste, par de Todière.	B P	90
1 in–12	Philippe Raimbaud, par Ferrant.	H R	784
1 in–12	Philon Binome, par Lamothe.	H R	1386
1 in–12	Philosophe (un) sous les toits.	H R	550
1 in–8	Philosophie du Christianisme, p. Rosset.	P L	17
1 in–12	Philosophie (de la) de l'histoire, par Savergne.	P L	75
2 in–12	Pia la san pretrina, par Lamothe.	H R	1105
1 in–18	Pièce (une) de dix sous, par Fortunat.	H R	276

2 in–12	Pieds (les) d'argile, par Mlle Fleuriot.	H R	1076
1 in–12	Pied (le) léger, par Mme d'Arvor.	H R	1113
1 in–12	Piété (la) et le monde, retraite des Dames, par Ronquette.	R	284
1 in–18	Piété (la) filiale.	H R	281
1 in–12	Piémontais (les) à Rome, par d'Ideville.	H R	1087
1 in–12	Pie IX et la jeune communiante, par Vincent.	H R	1388
1 in–8	Pie IX et son siècle.	H	168
1 in–12	Pierre aventures et voyages.	V	83
1 in–12	Pierre l'aîné, par Pinard.	B P	84
1 in–12	Pierre de Bel-Air, par Mlle Lachaud.	H R	1423
1 in–18	Pierre Cœur.	H R	277
1 in–18	Pierre le citadin, par Guillemart.	H R	280
2 in–18	Pierre Desbordes, par d'Exauvillez.	H R	278
1 in–12	Pierre (le) grand, par Dubois.	B P	70
1 in–32	Pierre le marin.	H R	33
1 in–12	Pierre le Peillarot, par de Barthélemy.	H R	1390
1 in–8	Pierre et Pauline, par A. Niéritz.	H R	75
1 in–8	Pierre Saintive, par L. Veuillot.	B P	66
1 in–12	Pierre (la) de touche, par Mlle Trémadeure.	H R	496
1 in–18	Pierre Vallée, jadis et aujourd'hui.	H R	430
1 in–18	Pieuse (la) ouvrière, par de Rancé.	H R	263
1 in–18	Pieuse (la) paysanne.	H R	264
1 in–12	Pieuse (la) paysanne.	H R	537
1 in–12	Pile ou face, par E. Marcel.	H R	618
2 in–12	Pilote (le) Willis, par A. Paul.	H R	564
1 in–12	Pionniers (les), par F. Cooper.	H R	695
1 in–12	Pirates (les) de la Baltique, par Rousseau	H R	1061
1 in–12	Place (la) Vendôme et la Roquette, par Lamazou.	H R	1046
1 in–18	Placide et Narcisse, par Fortunat.	H R	266
1 in–12	Plateaux (les) de la balance, par Hello.	H R	1467
1 in–12	Platon polichinelle.	P L	27
1 in–12	Planteurs (les), par Mayne-Reid.	H R	1192
1 in–8	Planteurs (les) de Java, par Guénot.	H R	80
1 in–18	Plaidoyer religieux.	H R	267
1 in–12	Plus tard, par Mlle Fleuriot.	H R	1567
2 in–12	Plus vrai que vraisemblable, par lady Fullerton.	H R	675
1 in–12	Plus (la) heureuse de la famille, par Mme Raymond.	H R	1529
1 in–12	Pluralité (la) des mondes, par Fontenelle.	P L	96

1 in-12	Poches (les) de mon oncle, par Mme de Stolz.	H R	1313
1 in-12	Poème de saint François d'Assise.	B S	130
1 in-12	Poème populaire, par R. de Navery.	P L	108
1 in-18	Poésies allemandes, par Gérard.	P L	13
1 in-12	Poésies catholiques de Silvio Pellico.	H R	269
1 in-18	Poésies de la jeunesse, par A. Guiraud.	P L	15
1 in-8	Poètes (les) chrétiens, par F. Clément.	R	96
1 in-32	Poire (la).	H R	34
1 in-12	Poisson (le) d'or, par P. Féval.	H R	1260
1 in-12	Poitou (en), par Maryan.	H R	1516
1 in-12	Politesse (de la) et du bon ton, par Mme Drohojowska.	P L	90
1 in-18	Politesse et savoir-vivre, par Mme Bourdon.	H R	452
1 in-8	Polynésie (la), par Reybaud.	V	65
1 in-12	Pologne (la), par H. Perreyve.	H	118
3 in-4	Pologne (la).	H	127
1 in-12	Politique (je), par B. Bouniol.	H R	813
1 in-32	Pommes (les).	H R	35
1 in-8	Port (le) du salut.	R	70
1 in-12	Portraits de jeunes filles, par Mlle G. d'Ethampes.	H R	1405
1 in-12	Portraits contemporains, p. L. Gauthier.	B P	203
1 in-12	Portefeuille (le) d'un aumônier, p. Faivre.	H R	1056
2 in-12	Portefeuille (le) d'un amateur.	V	21
1 in-12	Portefeuille (le) du jeune amateur en Afrique, par Mazure.	V	17
1 in-12	Portefeuille (le) du jeune amateur en Amérique et Océanie.	V	18
1 in-12	Portefeuille (le) du jeune amateur.	V	19
1 in-12	Portefeuille (le) du jeune amateur en Asie.	V	20
1 in-8	Portefeuille (le) du jeune poète dauphinois.	P L	85
1 in-18	Portefeuille (le) rose, par Forgame.	P L	282
1 in-12	Pourquoi sommes-nous catholiques.	P L	105
1 in-12	Pouvoir de la charité, par M. de Braye.	H R	737
1 in-18	Pouvoir de Marie, par Liguori.	R	101
1 in 8	Pouvoir du ministre, par de Bonald.	P L	67
1 in-32	Pratique de l'amour de Jésus-Christ, par Liguori.	R	1
6 in-12	Pratique de la perfection chrétienne, par Rodriguez.	R	87
1 in-12	Prairie (la), par F. Cooper.	H R	989

1 in-18	Prascovie, ou piété filiale, par d'Exauvillez.	H R	283
1 in-12	Prascovie, ou la jeune Sibérienne, par Orse.	H R	966
1 in-12	Prédicateur (le) de l'amour de Dieu.	R	86
1 in-12	Précis de l'histoire du moyen-âge.	H	70
1 in-12	Précis de l'histoire universelle, par A. François.	H	94
1 in-12	Premier (le) pas dans le monde, par Mme Fallet.	H R	603
1 in-12	Premiers (les) et les derniers, par Mme Bourdon.	H R	1209
1 in-12	Première (une) année dans le monde.	H R	135
1 in-12	Premières leçons d'histoire de Dieudonné, par Hocquart.	H R	393
1 in-12	Presbytère (le) de Saint-Gilles, par Mueg.	H R	401
1 in-12	Présence (la) de Dieu, par Gonnelieu.	R	89
1 in-12	Préservatif contre l'incrédulité, par d'Exauvillez.	P L	29
1 in-18	Préservatif contre l'incrédulité.	P L	16
1 in-8	Prêtre (le) devant le siècle, p. A. Madrolle	P L	26
1 in-12	Prêtre et soldat.	P L	79
1 in-12	Prêtre (le) et le soldat, par Mme Rey.	H R	512
1 in-4	Prêtres (les) illustres de France, p. Guérin	B P	60
1 in-12	Prêtres (les) français émigrés aux Etats-Unis, par Moreau.	H R	332
2 in-12	Prévalonnais (les), par Mlle Fleuriot.	H R	879
1 in-12	Préventions et sentiments, par Mme Manceau.	H R	127
1 in-12	Preuves convaincantes de la vérité de la religion.	R	90
2 in-12	Prière (la) chrétienne, par Mgr Landriot.	R	286
1 in-12	Prières (les) du petit enfant.	H R	302
1 in-12	Prieur (le) des pénitents bleus, par J. Grange.	H R	1576
1 in-12	Prince (le) Coriolani, par P. Féval.	H R	1448
1 in-12	Princesses et esclaves, par Emery.	H R	950
1 in-18	Princesses de France modèles de vertus.	B P	3
2 in-12	Principes de pénitence.	R	91
2 in-12	Principales conversions parmi les protestants.	R	94
2 in-18	Printemps (le), par Mlle Brun.	H R	284
1 in-8	Printemps (le) d'un proscrit, p. Michaud.	P L	18
1 in-12	Prisonnier (le) de Kaloé, par Dauvin.	H R	529
1 in-18	Prisonnier (le) de Russie.	H R	356

1 in-12	Prisonniers (les) de la Terreur, p. Devoille.	H R	635
1 in-12	Prisonnière (la) de la tour, par Devoille.	H R	680
1 in-8	Prisonnière (la) de 24 ans, par L. Bernier.	H R	45
1 in-12	Privilége (le) de saint Romain, par Archier.	H R	432
1 in-12	Prix (le) d'encouragement, par Champagnac.	H R	129
1 in-12	Projet de jeune fille, par Mᵐᵉ Guillon.	H R	1381
1 in-12	Procès (le) de la Reine, par R. de Navery.	H R	1500
1 in-18	Profanation du dimanche, par Gaume.	R	164
1 in-18	Promenades (les) de Fénelon, par Blanchard.	H R	19
1 in-12	Promenades d'un naturaliste.	P L	45
1 in-12	Promenades forésiennes, par Laurent.	H R	1391
1 in-12	Proscrit (le) de 93, par Cauvain.	H R	1294
1 in-12	Proscrit (le) de la Camargue, par Lamothe.	H R	1139
1 in-12	Proscrit (le), par Devoille.	H R	572
1 in-18	Prosper le jeune sculpteur, par Mˡˡᵉ Trémadeure.	H R	285
1 in-12	Prophète (le) du monastère, p. William.	H R	732
1 in-12	Propagateur (le) de saint Joseph.	H R	1057
1 in-12	Protestantisme (le), par Devoille.	P L	34
3 in-8	Protestantisme (le) comparé au catholicisme, par J. Balmès.	R	36
1 in-12	Protestantisme (le) confondu, par le P. Marie-Antoine.	H R	718
1 in-12	Providence (la) révélée, par V. Rendu.	H R	130
1 in-12	Providence (la), par Mˡˡᵉ Toulmond.	H R	1117
5 in-12	Psaumes (les), par Berthier.	R	92
1 in-12	Pulchérie, par Mᵐᵉ Bourdon.	H R	746
1 in-12	Pupille (la) du docteur, par Mˡˡᵉ G. d'Ethampes.	H R	1167
1 in-12	Pupille (la) de Salomon, par Mˡˡᵉ Lachèse.	H R	1155
1 in-12	Pupille (le) du général, par Mˡˡᵉ de Martignat.	H R	1579
1 in-12	Pupilles (les) de tante Claire, par Maryan.	H R	1446
2 in-12	Purgatoire (le), par Perrin.	R	93
1 in-12	Pureté (la) du cœur, par Chassay.	R	195
2 in-18	Pyramide, ou le cheval du lancier, par Mˡˡᵉ Trémadure.	H R	286

Q

1 in-12	Quarts (les) de nuit, par de la Landelle.	H R	354
1 in-8	Quatre années en Orient et en Italie, par Berton.	V	63
1 in-12	Quatre (les) martyrs, par Rio.	B S	109
1 in-12	Quatre nouvelles, par Jouhanneaud.	H R	929
1 in-18	Quatre histoires.	H R	287
1 in-12	Quatre portraits, p. Mᵐᵉ de Hahn-Hahn.	H R	808
1 in-12	Quatre petits Savoyards, par de Saintes.	H R	177
1 in-12	Quatre (les) pièces d'or, par Mˡˡᵉ Gouraud.	H R	1307
1 in-12	Quatre (les) peurs de notre général, par Sthal.	H R	1506
1 in-12	Quatorze jours de bonheur, par M. de Stolz.	H R	1148
1 in-12	Quarantaine (en), par Mᵐᵉ de Witt.	H R	1303
1 in-18	Que la religion est aimable ! par Mˡˡᵉ Trémadure.	H R	288
1 in-18	Qu'elle est bonne Marie ! par Lebon.	R	102
1 in-12	Quelque (à) chose malheur est bon, par Raymond.	H R	1027
2 in-8	Quelques années de ma vie, par des Echerolles.	H	134
1 in-12	Quelques heures de solitude, par Mᵐᵉ Bourdon.	H R	742
1 in-12	Quentin Durward, par d'Exauvillez.	H R	131
1 in-12	Quentin Durward, par Max Desnoyer.	H R	131
1 in-12	Qui donne aux pauvres prête à Dieu, par L. Guérin.	H R	883
2 in-8	Quinze ans d'exil, par Nettement.	H	61
1 in-18	Quinze jours de bonheur, par S. de la Madeleine.	H R	289
1 in-12	Quinze jours au bord de la mer, par Pizetta.	H R	829
1 in-12	Quinze jours de vacances, par Vital.	H R	485
1 in-8	Quinze jours de traversée, par Mᵐᵉ Mallet.	H R	12

R

1 in-8	Raoul Daubry, par Mˡˡᵉ Z. Fleuriot.	H R	205
1 in-12	Raphaël (le R. F.) frère prêcheur.	B P	219

1 in-18	Raoul, ou le disciple reconnaissant, par Mme Delafaye-Bréhier.	H R	290
1 in-12	Rameur (le) de galère, par R. de Navery.	H R	1102
1 in-8	Raison (la) philosophique et catholique, par Ventura.	R	60
1 in-12	Raphaëla de Mérans, par Mlle Moniot.	H R	932
1 in-12	Ratisbonne et le comte de la Ferronnay, par Walsh.	B P	67
1 in-12	Raynaldo et Selmia.	H R	1378
1 in-12	Recherches sur la confession auriculaire, par Guillois.	R	142
1 in-8	Recherches sur l'église de Brou, par Beau.	H	45
1 in-18	Recherches sur les œuvres de Dieu, par Pascal.	R	78
1 in-8	Recherches sur Fourvière, par Cahours.	H	21
1 in-12	Récit (un), par Mme Raymond.	H R	1029
1 in-12	Récits (les) du capitaine Paul.	H R	1304
1 in-12	Récits consolants, par R. de Navery.	H R	759
1 in-12	Récits (les) de château, p. d'Exauvillez.	H R	134
1 in-8	Récits dramatiques et historiques, par Mlle Emery.	H R	152
1 in-12	Récits et épisodes de l'histoire de France.	H	90
1 in-12	Récits légendaires, par A. des Essarts.	H R	840
1 in-12	Récits du foyer, par Violeau.	H R	698
1 in-12	Récits de la grève, par C. Deslys.	H R	1253
1 in-12	Récits d'un promeneur, par A. Cordier.	H R	876
1 in-12	Récit d'un voyage en Orient, par Poujoulat.	V	81
1 in-12	Récits d'un voyageur en Orient, par Poujoulat.	V	42
1 in-4	Récits d'une veillée, ou dimanche des enfants.	H R	10
1 in-12	Récits d'un vieillard, par Mme Delafaye-Bréhier.	H R	215
1 in-12	Récits et souvenirs, par E. Marcel.	H R	1121
1 in-12	Récits historiques sur Pie IX, par Dumas.	II	104
1 in-12	Récits historiques, par des Essarts.	H R	683
1 in-8	Réconciliation (la), par Mme Fallet.	H R	157
1 in-18	Réclamation adressée par un Juif errant.	H R	388
2 in-12	Récréations de la jeunesse, par Devoi.	H R	309
1 in-12	Récréations technologiques.	P L	83

1 in–12	Recueil de conversions parmi les protestants.	R	94
2 in–12	Recueil des écrits de Marie Estelle.	R	164
1 in–12	Recueil des écrits de Marguerite-Marie.	R	127
1 in–12	Recueil d'histoires religieuses et morales	H R	440
2 in–12	Réflexions chrétiennes, par Croizet.	R	224
1 in–12	Réflexions pratiques de piété.	R	95
1 in–12	Réflexions théologiques et morales, par Avrillon.	R	10
1 in–18	Réflexions, sentiments et pratiques de piété, par Baudrand.	'R	79
1 in–8	Réflexions sur la révolution de France, par Burke.	P L	19
1 in–18	Réflexions d'un solitaire.	H R	292
2 in–8	Réforme (la) contre la réforme.	P L	47
1 in–12	Régiment (le) des géants, par P. Féval.	H R	1543
1 in–12	Régine, ou la perle des grèves, par du Castel.	H R	960
2 in–12	Règles de la vie chrétienne, par Premor.	R	173
1 in–12	Règne (le) de Dieu, par Boudon.	R	262
1 in–18	Regrets et consolations, p. d'Exauvillez.	H R	363
1 in–18	Reine (la) des anges.	H R	428
1 in–12	Reine (la) des brunes, par Lamothe.	H R	1065
1 in–12	Reine (la) Berthe au grand pied, par C. de Plancy.	B P	76
1 in–4	Reines (les) de France, par Celliez.	B P	56
1 in–8	Reine Marguerite, par Desvès.	H R	76
1 in–12	Reine de Mai.	H R	959
2 in–18	Relation abrégée de l'apôtre du Chablais.	B S	31
1 in–8	Relation de la campagne de Russie.	H	3
1 in–12	Relation des missions du Paraguay, par Muratori.	V	55
1 in–12	Reliques (les) d'un chouan.	H R	1476
1 in–12	Religieuse (la) du Mont-Carmel, par Casamajor.	H R	803
1 in–12	Religieuses (les), par R. de Navery.	H R	957
1 in–18	Religion aimable, par Mlle Trémadure.	H R	288
1 in–18	Religion (la) en aide au malheur, par Joubert.	R	122
1 in–12	Religion (la) du cœur.	R	153
1 in–8	Religion catholique indispensable au bonheur, par d'Exauvillez.	P L	36
4 in–12	Religion démontrée et défendue, par Mgr Tassoni.	R	97
1 in–8	Religion, histoire et poésie, p. Poujoulat.	P L	40

1 in-18	Religion, poème, par Racine.	P L	18
1 in-8	Religion, poème, par Racine.	P L	79
1 in-12	Religion, philosophie, par Muzzarelli.	R	98
2 in-18	Religion (la) présentée au cœur, par Mlle Brun.	R R	293
3 in-8	Religion (la) prouvée, par Annisson.	R	46
2 in-12	Religion (la) sanctifiée, par Liguori.	R	99
1 in-12	Réminiscences d'un vieux touriste, par de Margerie.	H R	806
1 in-12	Renée, par Marcel.	H R	1287
1 in-12	René d'Anjou, par Cordellier-Delanoue.	H R	456
1 in-18	René, ou la charité récompensée.	H R	294
1 in-12	René, ou la source du bonheur.	H R	195
1 in-18	René, ou la source du vrai bonheur.	H R	294
1 in-18	Réponses courtes et familières, par de Ségur.	R	170
1 in-18	Résignation, par S. de Castres.	H R	291
1 in-12	Restauration de la société morale, par de Maiche.	R	190
1 in-12	Réséda, par Mlle Fleuriot.	H R	864
1 in-12	Retraite (la) de Moscou, par de Saint-Brice.	H R	864
1 in-18	Retraite pour les Dames, par Guilloré.	R	81
1 in-12	Retraite spirituelle de Bourdaloue.	R	11
1 in-12	Retraite spirituelle de Duquesne.	R	205
1 in-12	Retraite spirituelle de Croiset.	R	225
1 in-12	Retour (du) à la foi, par d'Olivarès.	H R	193
1 in-12	Retour (du) à Dieu, par Perdran.	R	264
1 in-18	Retour (le) de l'enfant prodigue.	H R	119
1 in-18	Retour (le) de l'enfant prodigue.	H R	274
1 in-12	Retour d'Antoine au village, par Lavallette.	H R	318
1 in-12	Retour des Pyrénées.	V	34
1 in-8	Retour des Pyrénées.	V	60
1 in-12	Retour (le), par de Launay.	H R	1408
1 in-12	Rêve (un), par Devoille.	H R	869
1 in-12	Rêves (les) de Marthe, par Maryan.	H R	1411
1 in-12	Rêve (un) dangereux, p. Mme Raymond.	H R	1181
1 in-12	Révélations d'un sacristain, p. Grange.	H R	1510
1 in-12	Révolutions du Portugal, par Vertot.	H	33
2 in-12	Révolution romaine, par Vertot.	H	34
2 in-8	Révolution (histoire de la) de Rome en 1846 et 1850, par A. Balleydier.	H	91
2 in-12	Révolutions de Suède, par Vertot.	H	35
2 in-8	Révolutions de Suède, par Vertot.	H	119

1 in-12	Riche et pauvre, par Gérard.	H R	532
2 in-12	Richelieu, Mazarin et la Fronde, par Capefigue.	B P	74
1 in-12	Richesse (la) des pauvres, par A. des Essarts.	H R	1019
1 in-12	Richesse et pauvreté, par Van der Buck.	H R	136
1 in-32	Richesse et pauvreté, par Damien.	H R	36
1 in-8	Rienzi, par Papencordt.	H R	20
1 in-12	Ritte Simonetti, vierge romaine.	B S	134
1 in-12	Robinson de la jeunesse, par Lebrun.	H R	137
1 in-12	Robert de Beau-Castel.	H R	612
1 in-12	Robert de Savernay, par Emery.	H R	899
1 in-12	Robert, ou le souvenir d'une mère, par Guermante.	H R	383
1 in-18	Robert, ou le superstitieux éclairé.	H R	295
2 in-12	Robe (la) de la Vierge, par Mlle d'Ethampes.	H R	768
2 in-12	Robinson Crusoé.	H R	139
1 in-8	Robinson français, par Morlant.	H R	146
2 in-12	Robinson français, suivi de l'étudiant, par Mme Delafaye-Bréhier.	H R	142
1 in-12	Robinson des sables au désert, par Mirval.	H R	141
2 in-12	Robinson suisse, ou naufrage d'une famille, par Wyss.	H R	143
2 in-12	Robinsonnette, par E. Muller.	H R	1320
1 in-12	Rob Roy, par W. Scott.	H R	220
1 in-12	Roche (la) aux mouettes, p. J. Sandeau.	H R	1201
1 in-12	Roche (la) noire, par Mlle Maréchal.	H R	1175
1 in-18	Rodolphe, ou l'enfant de bénédiction, par P. Marcel.	H R	299
1 in-12	Rodolphe de Habsbourg, p. Hunkler.	H R	226
1 in-12	Roi (le), par R. de Navery.	H R	1290
2 in-12	Roland (le) furieux.	P L	77
1 in-12	Roland pied de fer, par P. Féval.	H R	1283
1 in-12	Rollin (le) moderne.	H	77
1 in-12	Rollin du jeune âge.	H	144
1 in-12	Romain Kalbris, par E. Malot.	H R	1196
2 in-12	Romans grecs, par Rancaris.	H R	765
1 in-12	Roman (le) d'un athée, par Mme G. de Haupt.	H R	1571
1 in-12	Roman intime, par H. Croizy.	H R	1211
1 in-12	Roman (le) caché, par A. de Courcy.	H R	1562
1 in-12	Roman (le) d'un médecin de campagne, par Maryan.	H R	1445

1 in-12	Roman (le) d'un vieux garçon, par A. des Essarts.	H R	1418
1 in-12	Roman (un) dans une cave, par Mme C. de Chandeneux.	H R	1525
2 in-8	Rome chrétienne, p. E. de la Gournerie.	H	35
1 in-12	Rome chrétienne racontée à la jeunesse.	H	105
1 in-12	Rome (de) en Terre sainte.	H	117
1 in-12	Rome durant le carême et les fêtes de Pâques, par Dumas.	H	106
2 in-12	Rome, impressions et souvenirs, par Bellamy.	V	95
1 in-8	Rome et Jérusalem, par J. d'Avenel.	V	23
2 in-12	Rome et Lorette, par Veuillot.	V	22
2 in-12	Rome, lettres d'un pèlerin, par E. Lafond.	H	112
2 in-8	Rome, 1848, 1849, 1850, par Boulanger.	H	91
2 in-8	Rome, nouveaux souvenirs.	H	58
1 in-12	Rome vengée, par Gassiat.	B P	186
1 in-8	Rome et Carthage, par Guibon.	H	173
1 in-12	Ronces (les) du chemin, par Mme de Chandeneux.	H R	1204
1 in-12	Rosa Danielo, par Orse.	H R	681
1 in-12	Rosa Ferrucci, par de Toulza.	B P	187
1 in-32	Rosalie de Palerme.	H R	37
1 in-18	Rosario, histoire espagnole.	H R	296
1 in-12	Rosario, histoire espagnole.	H R	206
1 in-12	Roses (les) d'antan, par Mme Aubray.	H R	1095
1 in-18	Rose et Lucie, ou candeur et simplicité, par Mme Sainte-Marie.	H R	297
1 in-12	Rose, ou l'ascendant de la vertu, par Villard.	H R	583
1 in-12	Roses (les) de mai, par S. Ory.	H R	789
1 in-12	Rose et Mary, par lady Fullerton.	H R	1370
1 in-12	Rose et rubans, par Mme Martineau des Chesnez.	H R	1492
1 in-12	Rose et soucis, par Mlle Notteret.	H R	1379
1 in-12	Roses (les) de la sagesse, par Mlle Drun.	H R	145
2 in-18	Rose de Tannenbourg, par Schmid.	H R	361
2 in-12	Rosely (Mme), ou la marâtre chrétienne, par Mlle Monniot.	H R	890
1 in-12	Rosier (le) mystique, par Drexelius.	R	100
2 in-18	Rosier (le) mystique, par Drexelius.	R	82
1 in-32	Rosier (le).	H R	39
1 in-18	Rosier (le) de mai, par Constant.	H R	298

1 in–8	Rousseau apologiste de la religion, par Martin.	P	L	20
1 in–12	Route (la) de l'abîme, p. R. de Navery.	H	R	1151
1 in–18	Route (la) du bonheur, par Carron.		R	83
1 in–8	Ruines (les) morales et intellectuelles, par Nettement.	P	L	21
1 in–8	Russie (la) moderne, par Roy.		H	45
1 in–12	Rustaude (la), par Mˡˡᵉ Fleuriot.	H	R	1468

S

1 in–18	Sabine et Aurélie.	H	R	374
1 in–12	Sabine de Rivas, par Mˡˡᵉ Maréchal.	H	R	1273
1 in–12	Sabine de Ségur, par A. de Ségur.	B	P	177
1 in–12	Sabinianus, par Guénot.	H	R	906
1 in–12	Sacrements (fréquent usage des), p. Pallu.		R	101
1 in–12	Sacrifice de foi et d'amour, par Gourdan.		R	126
1 in–12	Sage (le) dans la solitude, par Rey.	H	R	397
1 in–12	Sagesse et bonheur sous le toit paternel, par Champagnac.	H	R	147
1 in–8	Saint Ambroise, par M. Baunard.	B	S	42
1 in–12	Saint Anselme, par Montalembert.	B	S	82
1 in–12	Saint Anthelme, par Dépery.	B	S	65
1 in–8	Saint Antoine le Grand, par Bourbon.	B	S	47
1 in–8	Saint Antoine de Padoue, p. Walthener.	B	S	63
1 in–8	Saint Athanase.	B	S	33
3 in–8	Saint Augustin, par Poujoulat.	B	S	25
1 in–8	Saint Augustin.	B	S	25
1 in–12	Saint Augustin.	B	S	8
1 in–18	Saint Augustin.	B	S	2
1 in–12	Saint Benoît.	B	S	90
1 in–12	Saint Benoît Labre.	B	S	104
1 in–12	Saint Bernard et plusieurs autres saints.	B	S	94
1 in–12	Saint Bernard (histoire), par Riando.	B	S	49
2 in–12	Saint Bernard, par Ratisbonne.	B	S	9
2 in–8	Saint Bernard, par Ratisbonne.	B	S	16
1 in–12	Saint Bernard.	B	S	86
1 in–18	Saint Bernard.	B	S	4
1 in–8	Saint Bonaventure, par Berthaumier.	B	S	58
1 in–12	Saint Calixte Fraise, par d'Exauvillez.	B	S	7
1 in–8	Saint Charles Borromée, par Martin.	B	S	27
1 in–12	Saint Charles Borromée.	B	S	12
1 in–8	Saint Cyprien.	B	S	35
1 in–12	Saint Clément Cathary, par Daurignac.	B	S	127

1 in-8	Saint Dominique, par le P. Lacordaire.	B S	6
1 in-12	Saint Dominique, par le P. Lacordaire.	B S	16
1 in-8	Saints (les) Évangiles de J.-C., par Bourassé.	R	101
1 in-12	Saint Éloi, par Parenty.	B S	102
1 in-12	Saint Étienne Harding.	B S	33
1 in-8	Saint Ephrem.	B S	34
1 in-8	Saint François d'Assise (vie intime).	B S	53
1 in-12	Saint François d'Assise, par Chalippe.	B S	18
1 in-12	Saint François d'Assise, par Chalippe.	B S	18
1 in-8	Saint François d'Assise, par Chavin de Malan.	B S	15
1 in-12	Saint François de Borgia, p. Daurignac.	B S	120
2 in-12	Saint François de Borgia.	B S	19
1 in-12	Saint François Régis, par d'Aubenton.	B S	22
2 in-8	Saint François de Sales, par Hamon.	B S	41
2 in-12	Saint François de Sales, par de Marsollier.	B S	20
1 in-18	Saint François de Sales, par Baudry.	B S	10
1 in-8	Saint François-Xavier, par Bouhours.	B S	65
2 in-12	Saint François-Xavier, par Bouhours.	B S	21
2 in-18	Saint François-Xavier, par Gastin.	B S	11
1 in-12	Saint François de Paule, p. Sénéquier.	B S	138
1 in-8	Saint Grégoire de Nazianze, p. Bauduer.	B S	43
1 in-12	Saint (le) homme de Tours, par Aubineau.	B P	193
2 in-8	Saint Ignace, son histoire, par Bartoli.	H	65
1 in-12	Saint Ignace, par Bouhours.	B S	24
2 in-12	Saint Ignace, par Bouhours.	B S	24
1 in-8	Saint Irénée, par L. Prat.	B S	29
1 in-8	Saint Irénée, par Gouilloud.	B S	68
1 in-8	Saint Jean de Britto, par Prat.	B S	3
2 in-8	Saint Jean Chrysostome.	B S	7
1 in-12	Saint Jean de la Croix, par Collet.	B S	26
1 in-8	Saint Jean de Dieu, par Trapadoux.	B S	20
1 in-12	Saint Jean Népomucène.	B S	108
2 in-12	Saint Jean de Matha, par Prat.	B S	89
1 in-8	Saint Jérôme.	B S	18
2 in-8	Saint Jérôme, par Collombet.	B S	18
1 in-12	Saint Joseph, époux de Marie.	B S	72
1 in-8	Saint Joseph de Cupertin, par Bernino.	B S	52
1 in-12	Saint Liguori, par Gillet.	B S	30
1 in-12	Saint Louis de Gonzague, par Cepari.	B S	32
1 in-18	Saint Louis de Gonzague, par Gillet.	B S	20
1 in-12	Saint Louis roi de France, par de Bury.	B S	31

1 in-8	Saint Louis et son siècle, par Walsh.	B S		36
1 in-8	Saint Louis, ou la France au XIIIe siècle, par Biéchy.	B S		36
1 in-8	Saint Louis, par Millaut.	B S		36
1 in-18	Saint Louis, par Cepari.	B S		21
1 in-18	Saint Louis de Sales, par Buffier.	B S		36
1 in-12	Saint Louis Stephanelli.	B S		92
1 in-12	Saint Loup.	B S		35
1 in-12	Saint Martin, évêque de Tours.	B S		37
1 in-8	Saint Paulin.	B S		8
1 in-13	Saint Paul, par Robert.	B S		88
1 in-12	Saint-Pierre de Rome, par Ravensberg.	H		63
1 in-8	Saint Pierre, par Gabourd.	B S		61
1 in-12	Saint Pierre.	B S		84
1 in-12	Saint Pierre, par de Plasman.	B S		113
1 in-8	Saint Pierre Ayotte, par Guinet.	B S		21
1 in-8	Saint Pothin, par Gouilloud.	B S		69
2 in-12	Saint Pie V, par de Falloux.	B S		115
1 in-8	Saint Remy, par Armand.	B S		31
1 in-18	Saint Remy en 532, par Aubert.	B S		13
1 in-12	Saint Stanislas de Kotska, par de Blanche.	B S		81
1 in-18	Saint Stanislas de Kotska, par d'Orléans.	B S		37
1 in-12	Saint Tharusias, par Prévost.	B S		145
1 in-8	Saint Thomas d'Aquin, par Bareille.	B S		28
1 in-12	Saint Thomas d'Aquin, par Bareille.	B S		56
1 in-8	Saint Thomas Becket, par Robert.	B S		30
2 in-8	Saint Vincent de Paul, par Abelly.	B S		9
5 in-12	Saint Vincent de Paul, par Abelly.	B S		46
1 in-12	Saint Vincent de Paul, par Collet.	B S		47
1 in-18	Saint Vincent de Paul.	B S		29
2 in-18	Saint Vincent de Paul.	B S		30
1 in-8	Saints (les) et leur siècle, par Rodière.	B S		26
1 in-12	Saint (le) voyage à Jérusalem, par de Langlare.	V		109
1 in-18	Sainte Adélaïde impératrice, par Hunkler	B S		48
1 in-12	Sainte Angèle de Foligno, par Arnaud.	B S		70
1 in-8	Sainte Catherine de Gênes, par Bussière.	B S		48
1 in-12	Sainte Catherine de Gênes.	B S		71
1 in-12	Sainte Catherine de Sienne, par Allibert.	B S		10
1 in-12	Sainte Cécile, par dom Guéranger.	B S		98
1 in-12	Sainte Cécile, par dom Guéranger.	B S		99
2 in-12	Sainte Chantal, par Bougaud.	B S		11
1 in-12	Sainte Chantal, par Marseillier.	B S		11
1 in-8	Sainte Clotilde, par Louis Roquette.	B S		62
1 in-12	Sainte Clotilde reine de France, p. Rémi.	B S		13

1 in–12	Sainte Colette, par Noailles.	B S		14
1 in–12	Sainte Elisabeth, par Montalembert.	B S		17
1 in–12	Sainte Elisabeth, par M. D. E.	B S		17
1 in–18	Sainte Elisabeth.	B S		8
2 in–12	Sainte Françoise.	B S		68
1 in–12	Sainte Françoise romaine.	B S		133
1 in–18	Sainte Geneviève patronne de Paris, par Mlle Brun.	B S		12
1 in–8	Sainte Geneviève, par Santyve.	B S		38
1 in–12	Sainte Geneviève.	B S		101
1 in–8	Sainte Germaine Cousin, par Veuillot.	B S		48
1 in–12	Sainte Germaine Cousin, par Guérin.	B S		110
2 in–12	Sainte Gertrude.	B S		69
1 in–12	Sainte Ludwine, par Buchmann.	B S		29
1 in–18	Sainte Marie-Madeleine.	B S		46
1 in–12	Sainte Marie-Madeleine et la Ste-Baume.	B S		131
1 in–8	Sainte Marie-Madeleine, par Valuy.	B S		60
1 in–12	Sainte Madeleine de Pazzi, par Cepari.	B S		36
1 in-8	Sainte Marguerite de Cortone, par Bonhomme.	B S		56
1 in–12	Sainte Marguerite-Marie Alacoque, par Languet.	B S		2
1 in–8	Sainte Monique, par Bougaud.	B S		59
1 in–12	Sainte Monique, par Petit.	B S		94
1 in–12	Sainte Odile, par de Bussière.	B S		111
1 in–8	Sainte Paule, par Lagrange.	B S		65
1 in–12	Sainte Philomène.	B S		96
1 in–8	Sainte Radegonde, par de Fleury.	B S		45
1 in–18	Sainte Radegonde, par de Fleury.	B S		43
1 in–12	Sainte Rose de Lima, par Hansen.	B S		122
1 in–12	Sainte-Rose (Sœur), par Avrillon.	B S		67
2 in–12	Sainte Thérèse, par Villefore.	B S		43
1 in–18	Sainte Vierge Marie, par C. de Plancy.	R		97
2 in–12	Sainte Virginie, ou la Vierge chrétienne, par Marny.	B S		48
1 in–8	Sainte Zite, par de Montreuil.	B S		17
1 in–12	Sainteté (la) dans la souffrance, par Seytre.	R		304
1 in–12	Salle (la) d'asile, par Fouinet.	H R		315
2 in–8	Salvien, ses œuvres.	R		23
2 in–8	Sanctification, traité des fêtes.	R		86
1 in–12	Sans beauté, par Mlle Fleuriot.	H R		761
1 in–12	Sans cœur, par Mme de Chandeneux.	H R		1424
1 in–12	Sans nom, par Mlle Fleuriot.	H R		938
1 in–12	Sans famille, par H. Malot.	H R		1441

1 in–18	Sansonnet (le) et le chapeau, par Schmid.	H R	350
1 in–12	Sanglier (le) des Ardennes, par C. de Plancy.	H R	676
1 in–12	Sapins (les) de Dame Barbe, p. E. Marcel.	H R	1291
2 in–12	Sara.	H R	155
1 in–12	Savant (le) de neuf ans, p. Mme de Sainte.	H R	148
2 in–8	Savoie (la), par Mme de Résie.	V	36
1 in–18	Scaramouche, par Mme Guizot.	H R	301
1 in–12	Scènes de la vie de campagne, par Chauvelot.	H R	865
1 in–12	Scènes de la vie chrétienne, par de Margerie.	H R	576
1 in–12	Scènes de la vie hongroise, par C. de la Tour.	H R	998
1 in-12	Scènes de la vie réelle, par Mlle Nottret.	H R	837
1 in–12	Scènes de la vie sociale, par Mme de Boden.	H R	1017
1 in–12	Scènes du monde réel, p. Mlle Trémadure	H R	714
1 in–12	Scènes de la vie cléricale, par C. Buet.	H R	1528
1 in–12	Secret (le) du bonheur, par Mme Drohojowska.	H R	545
1 in–18	Secret (le) de la confession.	B S	34
1 in–12	Secret (le) du foyer domestique, par Mme Trémadure.	H R	772
1 in–12	Secret (le) de l'innocent, par Mlle G. d'Ethampes.	H R	1178
1 in–12	Secret (le) du Pôle, par Lamothe.	H R	1176
1 in–8	Secret (un), simple histoire, par Mme Delafaye-Bréhier.	H R	21
1 in–12	Secondes noces, par Mme de Chandeneux	H R	1527
1 in–18	Seigneur (le) est mon partage.	R	87
	Semaine (la) des familles.	H R	44
1 in–12	Semaine (une) en famille, par Buron.	H R	543
1 in–12	Semnô l'affranchi, par de Gaule.	H R	1062
1 in–12	Semeuses (les) de bons grains, par Mlle Monniot.	H R	1158
1 in–12	Sentiments (les) de Napoléon, sur le Christianisme, par de Beauterne.	B P	153
1 in–12	Sentiments sur l'amour de Dieu, par Avrillon.	R	112
2 in–4	Sept (les) basiliques de Rome, par de Bussières.	H	55
1 in–18	Sept contes, par Schmid.	H R	302
1 in–18	Sept péchés et sept vertus, par Perrin.	R	159
1 in–12	Sept soirées de famille, par Roufignac.	H R	561

1 in-12	Septante (les) serviteurs de Dieu, par Boussiau.	B S	87
1 in-12	Séphora, ou Rome et Jérusalem, par Lemercier.	B S	149
1 in-12	Séraphine, ou le catholicisme en Amérique.	H R	325
1 in-18	Séraphine, ou le catholicisme.	H R	303
1 in-32	Serin (le).	H R	40
1 in-18	Sermon (un) entre deux histoires, par Olivier.	H R	304
4 in-12	Sermons du P. Maccarthy.	R	103
15 in-12	Sermons de Massillon.	R	229
1 in-12	Sermons et morceaux de Massillon.	P L	68
1 in-8	Sermons de Jean Tholet.	R	94
1 in-12	Servantes (les) de Dieu, p. Mᵐᵉ Bourdon.	B P	165
1 in-12	Serviteurs (les) de Dieu, par Aubineau.	B S	106
1 in-18	Serviteurs (les) vertueux.	H R	305
1 in-12	Seule dans Paris, par Mᵐᵉ Bourdon.	H R	1514
1 in-12	Sibérie (la), par de Lanoye.	H	116
1 in-8	Siècle (le) de Léon X, par Biéchy.	H	42
1 in-12	Siége (le) de Metz, par Rambaud.	H R	1038
1 in-12	Siége (le) de Jérusalem.	H	41
1 in-8	Siége (le) de Sébastopol, par Roy.	H	149
1 in-18	Silva, ou l'ascendant de la vertu.	H R	306
1 in-12	Sylvie, ou la vie d'une jeune personne, par Crépon.	H R	446
1 in-12	Simon de Nantua, par L. de Jussieu.	H R	150
1 in-12	Simon le Polletais, par L. Chavanne.	H R	385
1 in-12	Simon Pierre, par Buet.	H R	1236
1 in-12	Simples nouvelles.	H R	866
2 in-12	Simples tableaux d'éducation, par Mˡˡᵉ Monniot.	H R	994
1 in-12	Simples tableaux d'intérieur, par Mˡˡᵉ Monniot.	H R	943
1 in-12	Simples récits, par Guérin.	H R	533
1 in-12	Sires (les) de Coucy, par Le Dhuy.	H R	581
1 in-12	Sire Lancelot, par Faber.	H R	867
1 in-12	Six (les) chevaux du corbillard, par de Margerie.	H R	924
2 in-18	Six (les) leçons d'un père, par Jauffret.	P L	19
1 in-12	Six mois de cabtivité, par Rambaud.	H R	1036
1 in-8	Six mois chez les sauvages.	H R	16
1 in-8	Six (les) nouvelles de l'enfance, par Mᵐᵉ Delafaye-Brehier.	H R	105
1 in-8	Sobieski, par de Salvandy.	B P	84

1 in-8	Sociétés (les) secrètes, par Deschamps.	H	170
1 in-18	Sœur des anges, par A. Marie.	R	169
1 in-12	Sœur des anges.	R	273
1 in-12	Sœur (la) de charité, par Desvès.	H R	151
1 in-18	Sœur (les) jumelles, ou la vocation.	H R	307
1 in-18	Sœur Léocadie.	H R	207
1 in-12	Sœur Miranne, par Auvraga.	H R	1323
1 in-12	Sœur perdue, par Mayne-Reid.	H R	1326
1 in-12	Sœur Nathalie Narischkin, par Mme Craven.	B P	191
1 in-12	Sœur Saint-Pierre, par Janvier.	B P	204
1 in-18	Soirées (les) artésiennes.	H R	308
1 in-4	Soirées d'automne.	H R	10
1 in-8	Soirées bien employées, par Mme Dumond.	H R	182
1 in-12	Soirées (les) de Constantinople, par de Lamothe.	H R	995
1 in-12	Soirées (les) du château de Valbonne.	H R	553
3 in-12	Soirées chrétiennes, par Gridel.	R	212
1 in-12	Soirées de la charité, par Mme Drohojowska.	H R	722
1 in-8	Soirées algériennes, par Godard.	H R	147
1 in-18	Soirées du dimanche, par Mlle Celnart.	H R	311
1 in-8	Soirées en famille.	H R	145
1 in-12	Soirée (une) en famille, par Mme de Craon.	H R	165
1 in-12	Soirées (les) du père de famille, par Champagnac.	H R	152
2 in-12	Soirées (les) du grand papa, par de Saintes.	H R	204
1 in-12	Soirées (les) du grand-père, p. Manceau.	H R	874
1 in-4	Soirées (les) d'hiver, par Bernier.	H R	14
1 in-12	Soirées (les) de l'hermitage.	H R	490
1 in-12	Soirées (les) de l'ouvrier, par H. Violeau.	H R	472
1 in-8	Soirées (les) de mon oncle, par M. Moring.	V	70
1 in-18	Soirées (les) de Montserein.	V	310
1 in-8	Soirées (les de Montlhéry, p. Desdouits.	P L	80
1 in-8	Soirées (les) d'Ecouen, par S. Ory,	H R	208
1 in-12	Soirées (les) du Père Laurent, par Marie-Angélique.	H R	825
1 in-8	Soirées (les) de Saint-Pétersbourg, par J. de Maistre.	V	22
1 in-4	Soirées (les) de vacances.	H R	30
1 in-8	Soirées (les) de village, par Bordot.	H R	200

1 in-18	Soirées (les) villageoises, par d'Exau-villez.	H R	248
1 in-12	Soirées (les) au village.	H R	514
1 in-12	Soirées (les) récréatives d'un curé de village, par Mᵐᵉ Foucault.	H R	153
1 in-18	Soirées (les) romaines.	H R	312
2 in-8	Soixante serviteurs de Marie, par Sausseret.	B S	51
1 in-8	Solange de Château-Brun, par Ménard.	H R	84
1 in-12	Soldats (les) du Pape, par Gerny.	H R	913
1 in-12	Soldats (les) apôtres, par Bouniol.	H R	623
1 in-12	Solide et vraie piété, par saint François de Sales.	R	104
1 in-12	Soliloques de saint Augustin, p. Dubois.	R	105
	Soliloques dans les cimetières de Paris, par Orse.		
1 in-8	Solitaire (le) du Mont-Carmel.	H R	188
1 in-18	Solitaire (le) du Mont-Carmel.	H R	313
1 in-18	Solitaires (les) d'Isola Doma.	H R	351
1 in-12	Solitaires (les) d'Orient.	B S	93
2 in-8	Solitaire (la) des rochers.	R	13
4 in-4	Solution des grands problèmes, par Martinet.	P L	53
1 in-12	Sophie, par Ch. Dubois.	H R	1214
1 in-18	Sophie, ou les bienfaits de la Providence.	H R	314
1 in-12	Sorcière (la) de Melton-Hill, par Mᵐᵉ de Montanclos.	H R	619
1 in-8	Souffrance et courage, par Falaize.	H R	128
2 in-12	Souffrances de Jésus-Christ, p. Alleaume.	R	106
1 in-18	Souffrance et résignation.	R	14
1 in-12	Sous le chaume, par de la Tour-du-Pin.	H R	785
1 in-12	Sous la feuillée, par Gransart.	H R	1355
1 in-12	Sous les saules de la prairie, p. Delarbre	H R	154
1 in-12	Sous les pommiers, par Marie-Pierre.	H R	1200
1 in-12	Sous le manteau de la cheminée, par Le Pas.	H R	1226
1 in-12	Souverain (le) Pontife, p. Mgr de Ségur.	R	281
2 in-8	Souveraineté (la) temporelle des Papes, par Tessongi.	H	151
2 in-12	Souvenirs de l'amitié, ou la vie du père Arondineau.	B P	34
1 in-12	Souvenirs d'Angleterre, par Robert.	V	56
1 in-18	Souvenirs d'Angleterre.	H R	315
2 in-12	Souvenirs de cinquante ans, par Walsh.	H R	972

1 in-8	Souvenirs d'un aumônier militaire, par Sève.	H R	62
1 in-8	Souvenirs des ambulances, par de Doncourt.	H R	53
1 in-12	Souvenirs de la Crimée.	H R	557
2 in-12	Souvenirs des conférences de Saint-Valère.	R	162
1 in-12	Souvenirs de la congrégation de Notre-Dame.	B P	101
1 in-12	Souvenirs curieux des missions étrangères, par Lebon.	H.R	674
1 in-12	Souvenirs d'une douairière, par Mlle Fleuriot.	H R	700
1 in-12	Souvenirs et exemples, par Mme Chalandon.	B P	138
1 in-12	Souvenirs et esquisses, p. Mme de Silva.	H R	823
1 in-18	Souvenirs de l'enfance, par Mme de Flesselle.	H R	309
1 in-18	Souvenirs de l'enfance.	H R	391
1 in-12	Souvenirs d'une famille du peuple, par Mlle Froment.	H R	631
2 in-18	Souvenirs du grand papa, par Mlle Trémadure.	H R	316
1 in-12	Souvenirs de la grand'maman, par Van Hove.	H R	227
1 in-12	Souvenirs de guerre et de captivité, par P. de Damas.	H R	1384
1 in-12	Souvenirs d'hier et d'autrefois, par Mlle Karr.	H R	1325
1 in-8	Souvenirs et impressions de voyage, par Walsh.	V	17
1 in-12	Souvenirs d'une institutrice, par Mme Bourdon.	H R	419
1 in-12	Souvenirs d'Italie.	V	49
1 in-18	Souvenirs d'Italie.	V	10
1 in-8	Souvenirs d'Italie, par de Bauffort.	V	66
1 in-12	Souvenirs d'Italie et d'Espagne.	V	115
1 in-12	Souvenirs d'un jeune serviteur de Marie.	B P	152
1 in-12	Souvenirs d'une jeune fille, par E. Marcel.	H R	1348
1 in-12	Souvenirs d'une mère de famille, par Mme Woillez.	H R	313
1 in-12	Souvenirs de Londres, par Mme Drohojowska.	H R	750
1 in-12	Souvenirs d'une mère à sa fille, p. Braye.	H R	406

2 in-12	Souvenirs et nouvelles, par Violeau.	H R	632
1 in-12	Souvenirs (nouveaux) de Rome, par Belamy.	H	58
1 in-12	Souvenirs de quarante ans.	H R	705
1 in-12	Souvenirs et regrets, par Mme Tarbé des Sablons.	H R	292
1 in-12	Souvenirs du Sacré-Cœur de Paris.	H R	493
2 in-12	Souvenirs des séminaires.	B S	42
1 in-12	Souvenirs vendéens, par Cunio.	H R	1536
1 in-12	Souvenirs d'une vieille femme, par Mlle Trémadeure.	H R	868
1 in-12	Souvenirs d'un vieux zouave, p. Blanc.	H R	1383
1 in-12	Souvenirs de voyages, par Doli.	V	57
1 in-8	Souvenirs d'un voyage à Sainte-Hélène, par Coquerand.	H	24
1 in-12	Souvenirs d'un voyage dans les Pyrénées.	H R	388
2 in-8	Souvenirs d'un voyage en Tartarie, en Chine, par Huc.	V	43
2 in-12	Souvenirs d'un voyage en Tartarie.	V	89
1 in-8	Spectacle de la nature.	P L	97
1 in-8	Splendeur et désastres de France, par Drion.	H	89
1 in-32	Statue de saint Georges.	H R	42
1 in-18	Stéphane et Félicie.	H R	413
1 in-18	Stéphane, par Zaghelli.	H R	317
1 in-8	Stéphane, ou remords et expiation.	H R	113
1 in-12	Stephano, épisode de la révolution sous Pie IX.	H	102
1 in-12	Suétone de la jeunesse.	B P	116
1 in-18	Suisse et Italie.	H R	423
1 in-8	Suger, ou la France au xiie siècle, par de Saint-Méry.	B P	33
1 in-8	Supplément aux œuvres de S. François de Sales, par de Baudry.	R	14
1 in-12	Suzanne, par Lia Cressenden.	H R	1477
1 in-8	Suzanne, ou l'atelier des orphelines.	H R	355
1 in-8	Symbolique populaire, par Buchmann.	R	39
1 in-8	Symbolique, ou exposition du symbole, par Clève.	R	63
1 in-8	Symbolisme (du) dans les églises, par Bourassé.	P L	58
1 in-8	Syrie (la) en 1860 et 1861, par Jobin.	H	158
3 in-18	Système de la nature, par Delacroix.	P L	20

T

1 in-12	Tableau des catacombes, par R. Rochette.	R	179
1 in-8	Tableau de la création, par Jehan.	P L	59
2 in-8	Tableau de la création.	P L	96
1 in-18	Tableau de l'esprit et du cœur de Saint François de Sales, p. sainte Chantal.	R	88
1 in-8	Tableau des fêtes chrétiennes, par Walsh.	R	15
1 in-8	Tableau de l'harmonie universelle, par Meissas.	P L	83
1 in-12	Tableau historique d'une famille chrétienne, par Busson.	H R	568
1 in-12	Tableaux d'intérieurs, p. Mme Bourdon.	H R	764
1 in-8	Tableau de la littérature allemande, par Mme Tastu.	P L	42
1 in-8	Tableau de la littérature italienne, par Mme Tastu.	P L	41
1 in-12	Tableau de l'univers, par Cortambert.	P L	60
1 in-12	Tableau de la miséricorde divine, par P. Bergier.	R	107
1 in-12	Tableau de la nature, Fénelon, Bossuet.	H R	156
1 in-18	Tableau de la naissance du protestantisme.	R	136
1 in-12	Tableau des persécutions de l'Eglise.	R	178
1 in-8	Tableau poétique des sacrements, par Walsh.	R	56
3 in-12	Tableau poétique de la foi et de ses œuvres, par Walsh.	R	296
1 in-8	Tableau de la société chrétienne au IVe siècle, par Gerni.	H	30
1 in-12	Tableau théologique ascétique.	R	163
1 in-8	Tableau des trois époques.	P L	23
1 in-12	Talisman (le) de Marguerite, par A. Seguin.	H R	1215
1 in-18	Tambour (le) de Polostk, par Oriol.	H R	385
1 in-8	Tambour (le) d'Auvergne, p. Rousselet.	H R	111
1 in-12	Tante Jeanne, par C. Deslys.	H R	775
1 in-18	Tante (la) Marguerite, par Mlle Benoît.	H R	319
1 in-12	Taureau (le) des Vosges, par Lamothe.	H R	1048
1 in-8	Tebaldo, ou le triomphe de la charité, par Mme de la Rochère.	H R	37

1 in–12	Témoin (le) du meurtre, p. R. de Navery.	H R	1375
1 in–12	Témoins (les) du seigneur, p. Lerouge.	B S	55
1 in–12	Témoignages et souvenirs, par A. de Ségur.	H R	521
1 in–12	Tendresse (la) maternelle, p. Mᵐᵉ Sainte-Marie.	H R	1372
1 in–18	Tendresse (la) maternelle, par Mᵐᵉ de Sainte-Marie.	H R	320
1 in–12	Temple (le) de la vertu, par Gervais.	H R	546
1 in–12	Terribles châtiments des révolutionnaires, par le P. Huguet.	H	109
1 in–12	Terre sainte, voyage de quarante pèlerins, par L. Énault.	V	97
1 in–12	Terreurs (les) de lady Suzanne, par Mᵐᵉ C. de Chandeneux.	H	1203
1 in–12	Testament (le) d'une mère, par Mᵐᵉ Fallet.	H R	604
1 in–12	Testament spirituel, par Dubouis.	R	310
1 in–12	Testament (le) d'une vieille fille, par Mˡˡᵉ Rogron.	H R	1109
1 in–12	T. f., suivi de l'œuf rouge, p. J. de Kerlys.	H R	1587
1 in–12	Thalie, par l'abbé Bayle.	H R	1008
1 in–18	Thaïs comtesse de Rapelmande, p. Didon	H R	321
1 in–12	Théâtre chrétien, par Mᵐᵉ de Lermin.	H R	157
1 in–12	Théâtre d'éducation, par Mᵐᵉ Daniel.	H R	537
1 in–12	Théâtre des marionnettes, p. Mᵐᵉ Bernard	H R	245
1 in–12	Théâtre (petit) pour les jeunes filles, par Mᵐᵉ Farrenc.	H R	326
1 in–18	Théobald, ou l'enfant charitable.	H R	322
1 in–12	Thébaïde (la) des grèves, par de la Morvonnais.	P L	107
1 in–8	Théodore et Louis, par Ménard.	H R	79
1 in–12	Théodore et Pauline, par Mᵐᵉ Filleul-Pétigny.	H R	516
1 in–18	Théodule, ou l'enfant de bénédiction, par le P. Marin.	H R	323
1 in–12	Théologie du jeune chrétien, p. Bellarmin.	R	228
1 in–12	Théologie à l'usage des gens du monde, par Sainte-Foy.	R	141
1 in–18	Théologie populaire.	R	160
1 in–12	Théologie séraphique, par Alix.	R	242
1 in–12	Théophane Vénard.	B S	66
1 in–12	Théophile, ou l'enfant du mineur.	H R	120
1 in–18	Théophile, ou le petit ermite, par Schmid	H R	324
1 in–8	Théophile, ou la philosophie du christianisme.	R	65

1 in-8	Théorie morale du goût, par Descuret.	P L	65
1 in-18	Théotime, ou la science du divin amour.	R	156
1 in-12	Thérèse Boureil, par de Pontrais.	H R	1328
1 in-12	Thérèse et Léon, par de Saint-Germain.	H R	587
1 in-18	Thérèse, ou la pieuse ouvrière.	H R	325
1 in-12	Thérèse, ou la petite sœur de charité, par de Saintes.	H R	395
1 in-18	Timothée et Philémon, par Schmid.	H R	349
1 in-12	Thomas Morus.	B P	35
1 in-8	Thomas Morus, par Walter.	H	60
1 in-18	Tilleul (le), ou l'oubli des injures.	H R	326
2 in-18	Tobie, par Drexelius.	H R	327
1 in-8	Tom et Betzy, par G. Nieritz.	H R	110
1 in-12	Tombée du nid, par Mlle Fleuriot.	H R	1472
1 in-8	Toscane (la) et Rome, par Poujoulat.	V	20
1 in-8	Toute (la) petite, par Girardin.	H R	117
1 in-12	Tour (le) du monde, par J. Verne.	H R	1337
1 in-8	Tour (le) du monde, par Champagnac.	V	34
5 in-12	Tour (le) du monde, par Guérin.	V	23
1 in-12	Tour (le) du cadran, par A. des Essarts.	H R	831
1 in-12	Tour (le) de France, par Devoille,	H R	577
2 in-12	Tour (le) du monde en 240 jours, par E. Michel.	V	126
1 in-12	Tour (un) dans les prairies, par Washington-Irwing.	H R	293
1 in-12	Tout simplement, par Mme de Witt.	H R	1583
1 in-18	Traité de l'amour de Dieu.	R	157
2 in-12	Traité de l'amour de Dieu, par saint François de Sales.	R	108
1 in-12	Traité de l'astronomie, par de Brémont.	P L	74
1 in-12	Traité sur l'aumône.	R	102
1 in-12	Traité contre la danse.	R	110
1 in-12	Traité sur la confiance en Dieu.	R	21
1 in-12	Traité sur la confiance en Dieu, par P. du Sault.	R	109
1 in-8	Traité des études, par Rollin.	P L	82
1 in-12	Traité de l'espérance, par Vauge.	R	244
1 in-12	Traité de l'élévation de notre âme à Dieu, par Bellarmin.	R	39
1 in-12	Traité de la lecture chrétienne, par dom Jamin.	P L	80
1 in-12	Traité sur la flatterie et la médisance.	R	34
1 in-12	Traité de la paix intérieure, par de Lombez.	R	81
1 in-18	Traité sur les péchés capitaux.	R	89

1 in-12	Traité d'une religion révélée, par Hubert.	R		201
1 in-32	Traité sur les scrupules.	R		14
3 in-12	Traité des vertus chrétiennes, p. Bussson.	R		267
1 in-8	Traité de géologie, par Giraudet.	P	L	39
1 in-18	Traits édifiants.	H	R	328
1 in-12	Traits recueillis de l'histoire ecclésiastique.	H	R	330
1 in-8	Trappe (la) mieux connue.	H		46
1 in-12	Travail et industrie, par Champagnac.	H	R	159
1 in-12	Travailleurs (les), épisode de 1848, par Devoille.	H	R	357
1 in-12	Travers (les) de l'humanité, par Orse.	P	L	94
1 in-12	Trésor (le) de Montcalm, par A. de la Blanchère.	H	R	1462
1 in-12	Trésor (le) de l'abbaye, par R. de Navery.	H	R	1144
1 in-12	Trésor (le) du souterrain, par J. Grange	H	R	1120
1 in-12	Trésor (le) liturgique, par Durand.	R		298
3 in-12	Trésor du chrétien, par de Pontarlier.	R		113
2 in-18	Trésor de confiance.	R		90
1 in-8	Trésor littéraire des jeunes personnes, par Duplessis.	P	L	86
1 in-12	Trésor des familles, par Mme L. de Beaumont.	H	R	160
1 in-12	Trésor des jeunes personnes.	H	R	668
1 in-12	Trésor (le) de Nanette, par Mme de Stolz.	H	R	969
1 in-18	Trésor de patience caché dans les plaies de Jésus-Christ, par Jamet.	R		91
1 in-12	Trésor (le) des voyages, par Champagnac.	V		24
1 in-12	Trésor (le) de la Vierge.	R		301
4 in-12	Triomphe (le) de l'Évangile, par Bugnaud des Echelles.	R		114
2 in-8	Triomphe de l'Evangile.	R		80
1 in-12	Triomphe de Jésus-Christ dans une âme, par P. Eudes.	R		139
1 in-12	Triomphe (le) de la piété filiale, par G. de Lesley.	H	R	329
1 in-18	Triomphe (le) de la piété filiale.	H	R	88
1 in-12	Triomphe des proscrits.	H	R	535
1 in-12	Triomphe des femmes, par E. Marcel.	H	R	1107
1 in-12	Triomphe de Mauviette, par Mme de Pitray.	H	R	1416
2 in-8	Triomphe du Saint-Siége et de l'Eglise, par Capellari.	R		71
1 in-12	Triomphe de Pie IX, par P. Huguet.	H		120

1 in-12	Tristan, par R. de Navery.	H R	1373
1 in-12	Trois amis (les), ou le prix du travail, par Girard.	H R	534
1 in-18	Trois (les) condamnés à mort.	H R	389
1 in-12	Trois (les) cousins, par Minart.	H R	469
1 in-12	Trois (les) frères écossais, p. Duchaine.	H R	367
1 in-8	Trois grandes époques de l'histoire, par Mᵐᵉ Drohojowska.	H R	100
1 in-18	Trois héroïnes chrétiennes, p. Caron.	B S	14
1 in-12	Trois filles du ciel, par Mᵐᵉ de Bray.	H R	914
1 in-8	Trois jeunes rois, par L. Guerin.	H R	199
1 in-12	Trois mois de vacances, par Mᵐᵉ Souvestre.	H R	478
1 in-12	Trois mots pour titre, par Mˡˡᵉ A. Karr.	H R	1124
1 in-12	Trois orphelines, par Mᵐᵉ Delafaye-Bréhier.	H R	356
1 in-12	Trois Russes et trois Anglais, par J. Verne.	H R	1185
1 in-8	Trois (les) règnes de la nature.	P L	99
4 in-8	Trois (les) Romes, par M. Gaume.	V	37
1 in-12	Trois (les) sœurs, ou la piété filiale, par Mᵐᵉ Fallet.	H R	591
1 in-12	Trois sœurs, par Mᵐᵉ Bourdon.	H R	805
1 in-12	Trois semaines en voyage, p. Baudré.	V	94
1 in-12	Trois pauvres enfants, par Charton.	H R	925
1 in-12	Trois (les) veillées du vieux conteur, par d'Aveline.	H R	769
1 in-12	Trois vocations, par Aubert.	H R	162
1 in-12	Trois (les) vœux, par E. Marcel.	H R	1404
1 in-12	Troupier (le) Latour, par P. Bion.	H R	693
1 in-12	Trouvailles (les), par Mᵐᵉ Martineau des Chesnez.	H R	1393
1 in-12	Tueurs (les) de daims, par F. Cooper.	H R	966
1 in-8	Tueurs (les) de lions, par Gérard.	H R	18
1 in-12	Tueurs (les) de lions, par Gérard.	H R	554

U

2 in-12	Ubaldo et Irène, par Bresciani.	H R	291
1 in-18	Ulric, ou utilité de la confession, par d'Exauvillez.	H R	329
1 in-12	Une faute d'orthographe, par Mᵐᵉ Bourdon.	H R	816
1 in-12	Une femme forte et une mère, par E. la Rénière.	H R	580

1 in-12	Une histoire, par Mlle Trémadure.	H R	164
1 in-8	Une partie de campagne, par S. de la Madeleine.	H R	59
1 in-18	Une pensée pour chaque jour.	R	144
1 in-12	Une première faute.	H R	531
1 in-8	Une promenade historique, par Balleydier.	H	162
1 in-12	Une petite fille de Robinson, par des Essarts.	H R	766
1 in-12	Une rose, par Marcel.	H R	1229
1 in-12	Une sœur de Fabiola.	H R	936
1 in-8	Une semaine sainte au Havre.	H R	68
1 in-12	Une vocation d'artiste, par Chevreau.	H R	23
1 in-12	Une vocation, par Mlle Moreau.	H R	945
1 in-12	Une voix de Jérusalem, par Mme de Hahn-Hahn.	R	172
1 in-12	Un ambitieux de province, par L. Dumonteil.	H R	720
1 in-12	Un an à Rome, par Huguet.	B P	185
1 in-12	Un homme de bien, par H. Violeau.	H R	762
1 in-12	Un mois de leçons, par Paul.	H R	407
1 in-12	Un nom, par Al. de Courcy.	H R	704
1 in-12	Un pair d'Angleterre, p. F. Nettement.	H R	835
1 in-12	Un rêve accompli, par Mme Bourdon.	H R	1455
1 in-12	Un récit qui ne se termine pas par un mariage.	H R	1029
1 in-18	Un sergent de la vieille garde, par Noirlieu.	H R	451
1 in-12	Union avec Notre-Seigneur Jésus-Christ, par Saint-Jure.	R	9
1 in-12	Unique (l') chose nécessaire, par de Géramb.	R	137
1 in-18	Urbain et Paula, par Mme de Sainte-Marie.	H R	330
1 in-12	Ursule de Montbrun, par Mme de Sainte-Marie.	H R	974
1 in-12	Usage des sacrements de Pénitence et d'Eucharistie, par Pallu.	R	115
1 in-12	Utilité d'un voyage d'agrément à Paris, par Mme J. Gouraud.	H R	651

V

1 in-12	Vacances (les) des jeunes Boërs, par Mayne-Reid.	H R	701

1 in-12	Vacances (les) d'Elisabeth, par Mlle de Martignat.	H R	1265
1 in-12	Vacances (les) à Fontainebleau, par Mme Lebrun.	H R	310
1 in-12	Vacances (les) en famille, par Buron.	H R	684
1 in-12	Vacances (mes) en Italie, par Moreau.	H R	373
1 in-18	Vacances (les), ou lettres à quelques jeunes personnes.	H R	333
1 in-8	Vacances (les) de Nathalie, par Mme Vattier.	H R	190
1 in-12	Val (le) de Saint-Jean, par Mme Bourdon.	H R	1241
1 in-12	Val (le) de la Salme, par M. Lagarde.	H R	889
1 in-12	Val Régis la grande, par Mme C. de Chandeneux.	H R	1137
1 in-32	Vallée (la) d'Alméria.	H R	43
1 in-18	Valérie, ou la jeune artiste, par Mlle Trémadeure.	H R	335
2 in-12	Valmont de la jeunesse.	P L	48
1 in-18	Valentin, ou le jeune menuisier.	H R	332
1 in-18	Valentine, ou l'ascendant de la vertu, par Mlle Benoît.	H R	334
1 in-12	Valentine, par Mme de Stolz.	H R	1377
1 in-12	Valentine Dormay, par Barbier.	H R	600
1 in-12	Valentine de Rohan, par P. Féval.	H R	1247
1 in-12	Varia morale, littéraire et politique.	P L	104
1 in-18	Variétés morales.	H R	336
2 in-8	Variétés historiques, par d'Exauvillez.	H R	163
1 in-12	Variétés historiques, par Joannin.	H	101
1 in-18	Végétaux (les), par Mlle Trémadure.	H R	173
1 in-8	Veillées de saint Augustin, par Cazera.	R	16
1 in-12	Veillées bretonnes, par H. Violeau.	H R	574
1 in-12	Veillées bretonnes (nouvelles).	H R	575
1 in-4	Veillées (les) des chaumières.	H R	48
2 in-12	Veillées (les) du château, par Mme de Genlis.	H R	398
2 in-12	Veillées d'hiver, par Mme de Renneville.	H R	233
1 in-18	Veillées des enfants, par Raynal.	H R	337
1 in-12	Veillées en famille, par Balleydier.	H R	540
1 in-12	Veillées (les) flamandes, par Cordier.	H R	621
1 in-18	Veillées (les) gauloises, par Vincent.	H R	339
1 in-12	Veillées (les) de l'ouvrier, p. Mme Voillez.	H R	565
1 in-12	Veillées (les) de l'ouvrier, p. Mme Voillez.	H R	850
1 in-8	Veillées (les) militaires, par Balleydier.	H R	126
1 in-12	Veillées (les) militaires, par Balleydier.	H R	547
1 in-32	Veillées (la) de Noël,	H R	44

1 in-12	Veille (la) de Noël, par des Garets.	H R	387
1 in-12	Veillées (les) d'une mère de famille, par Mme Manceau.	H R	555
1 in-12	Veillées du patronage, par Mme Bourdon.	H R	910
1 in-12	Veillées du peuple, par Balleydier.	H R	116
1 in-8	Veillées (les) du village, par de Saintes.	H R	106
1 in-18	Veillées (les) du village.	H R	338
1 in-8	Vendée (la), ses mœurs, ses guerres, par Landeau.	H	7
4 in-12	Vendée (la) militaire, p. Crétineau-Joly.	H	68
4 in-8	Vendée (la) militaire, p. Crétineau-Joly.	H	38
1 in-12	Venise et l'Espagne, par Mme de la Richardays.	H	119
1 in-12	Vengeance (la) chrétienne.	H R	494
2 in-12	Vengeance (la) au désert, par Devoille.	H R	368
1 in-12	Vengeance (la) de Giovanni, par E. Marcel.	H R	1440
1 in-12	Vengeance (la) de Geneviève, par Mme de Chandeneux.	H R	1526
1 in-32	Ver (le) luisant.	H R	45
1 in-12	Verger (le) des écoliers, par Mme Delafaye-Bréhier.	H R	358
1 in-18	Véritable (la) sagesse.	R	143
1 in-18	Vérités (les grandes) du Christianisme, par Balde.	R	93
2 in-8	Vérités (les) de l'Eglise catholique, par Cattet	R	78
1 in-12	Vérité (la) sur l'événement de la Salette.	H	67
1 in-18	Vérité de la religion, par Delacroix.	R	93
1 in-8	Vérité (la) sur la Syrie, par Poujoulat.	V	68
1 in-18	Vertus (les) du clergé.	B S	32
1 in-18	Vertus et bienfaits des missionnaires, par Bourgoing.	R	20
1 in-12	Vertu (la) en exemples, par Mme de Ségur.	H R	210
1 in-32	Vertu (la) pour héritage.	H R	46
1 in-32	Vertu (la) pour héritage.	R	15
1 in-12	Vertu (une) par histoire.	H R	288
1 in-18	Vertu (la) parée de ses charmes, par Carron.	R	96
2 in-18	Vertus (les) de Marie, par saint Alphonse de Liguori.	R	95
1 in-12	Vertus (les) de Louis XVI.	B P	36
1 in-12	Vertu (la) parée de tous les charmes, par Carron.	R	226

1 in-12	Vertueuse (la) Portugaise, par Maydière.	B	P	117
1 in-18	Vétérans (les), scènes armoricaines.	H	R	341
1 in-12	Veuve (la) d'Attila, par Mⁱˡᵉ Tissot.	H	R	1481
1 in-8	Veuves (les) du Calvaire, p. Chaffanjon.	B	P	97
1 in-12	Viatrice, ou l'autel et le foyer, par R. de Navery.	H	R	848
1 in-12	Victimes (les), par Devoille.	H	R	873
1 in-12	Victor Blanchet, ou l'ouvrier mécanien, par M. Pernet.	H	R	819
1 in-12	Victoire (la) épisode, de la guerre de trente ans, par Mⁱˡᵉ de Lagrange.	H	R	1006
3 in-8	Victoire et beauté des conquêtes des Français, par La Bédolière.	H		36
2 in-8	Victoire et beauté des conquêtes des Français, par La Bédolière.	H		36
2 in-12	Victoire et beauté des conquêtes des Français, par La Bédolière.	H		36
27 in-8	Victoires et beauté des conquêtes des Français, 1792 et 1815.	H		36
2 in-8	Victorin de Feltro, par Mⁱˡᵉ Benoît.	H	R	138
1 in-12	Vierge (la) d'Alexandrie, p. de Mirando.	H	R	947
1 in-8	Vierge (la) Marie, par Nicolas.		R	90
1 in-18	Vierge (la) iroquoise.		R	129
1 in-12	Vierge (la) de mai, par H. Audeval.	H	R	1090
1 in-12	Vierge (la) de marbre, par R. de Navery.	H	R	1268
1 in-32	Vieux (le) Brukmann.	H	R	47
1 in-12	Vieux (le) bahut, par Mᵐᵉ Tarweld.	H	R	367
1 in-18	Vieux (le) de la montagne.	H	R	344
1 in-12	Vieux (le) soldat, par Mⁱˡᵉ Curo.	H	R	105
1 in-12	Vie cachée avec Jésus, par Boudon.		R	128
1 in-12	Vie adolescente, par S. de la Madeleine.	H	R	167
1 in-18	Vie d'Alfred le Grand, roi d'Angleterre.	B	P	9
1 in-12	Vie d'Alphonse Rodriguez.	B	S	59
1 in-12	Vie d'Athanase Germanio, par Bonnefoy.	B	S	57
1 in-12	Vie d'Anne de Xaintonge, par Arnoula.	B	S	52
1 in-12	Vie d'Armelle Nicolas, par Busson.	B	S	76
1 in-8	Vie de Mgr Affre, archevêque de Paris, par Cruice.	P	B	36
1 in-12	Vie de Mgr Affre, archevêque de Paris, par Cruice.	B	P	133
1 in-12	Vie d'Anna-Maria Taïgi, par Hiquet.	P	B	99
1 in-18	Vie d'Anne-Marie de Montaigu.	P	B	16
1 in-12	Vie d'Alexandre Saulis, par Gerdil.	P	S	140
1 in-8	Vie d'Albina Ligi, servante de Dieu, par Marchetti.	P	B	86

1 in-8	Vie de d'Ayotte Pierre, par Guinet.	P S	21
2 in-8	Vie de Mᵐᵉ Barat fondatrice du Sacré-Cœur, par Baunard.	B P	100
2 in-12	Vie de Mᵐᵉ Barat, fondatrice du Sacré-Cœur, par Baunard.	B P	197
1 in-12	Vie du Père Bernard de la Trappe, par de Bélizal.	B S	141
1 in-18	Vie de Bernard Averberg.	R S	41
2 in-8	Vie de Benoît Labre, par Dunoyer.	B S	67
1 in-12	Vie de Benoît Labre.	B S	104
1 in-18	Vie de Benoît Labre.	B S	3
1 in-18	Vie de Benoît le Maure, par Allibert.	B S	40
1 in-18	Vie de Berchmans.	B S	42
1 in-12	Vie de Bossuet, par Roy.	B P	10
1 in-12	Vie de Buffon, par Chesnel.	B P	78
1 in-12	Vie de l'abbé Busson.	B P	158
1 in-12	Vie de Mgr Borie.	B S	75
1 in-12	Vie du cardinal Bellarmin, par Frizon.	B S	64
1 in-12	Vie du Père Bridaine, par Carron.	B S	4
1 in-12	Vie d'un bon prêtre.	B S	6
1 in-12	Vie de Claire-Isabelle Chezzy, p. Olivier.	B S	139
1 in-8	Vie du Père Campran.	B S	57
1 in-18	Vie de Caliste Fraize, par d'Exauvillez.	B S	5
1 in-12	Vie de Caliste Fraize.	B S	7
1 in-12	Vie (la) de campagne, par Chauvelot.	H R	865
1 in-8	Vie du Père de Condren, par Pin.	B P	22
1 in-12	Vie de Colbert, par de Serviez.	B P	57
2 in-12	Vie de Mᵐᵉ de Chaugy, secrétaire de Mᵐᵉ de Chantal.	B P	51
1 in-12	Vie de Mgr Cuénot, par Chevroton.	B P	178
2 in-12	Vie chrétienne.	R	116
1 in-18	Vie de Claver.	B S	38
2 in-12	Vie de Clotilde de France, reine de Sardaigne, par Remy.	B S	13
1 in-8	Vie du cardinal Cheverus, par Dubourg.	B S	4
1 in-12	Vie du cardinal Cheverus.	B S	50
1 in-12	Vie de Clément Cathary, par Daurignac.	B S	127
2 in-12	Vie du curé d'Ars et son tombeau, par Olivier.	B S	117
1 in-12	Vie des chrétiens illustres, par Marty.	B S	143
1 in-12	Vie de dom Augustin de Lestrange.	B S	60
1 in-8	Vie de dom Augustin de Lestrange.	B S	24
1 in-12	Vie de dom Barthélemy, par Lemaître de Sacy.	B S	15
1 in-12	Vie de dom Etienne, par Gaillardin.	B S	63

1 in-18	Vie des dames françaises, par Carron.	B	P	5
1 in-12	Vie des dames françaises.	B	P	37
1 in-18	Vie de M. Duffriche-Desgenettes, par de Valette.	B	P	155
1 in-12	Vie de Mgr Douarre, évêque d'Amata.	B	P	156
1 in-8	Vie de M. d'Orléans de la Motte, par Proyard.	B	P	48
1 in-8	Vie de M. Démia.	B	S	5
3 in-8	Vie du Dauphin, père de Louis XVI, par Proyart.	B	P	49
1 in-12	Vie du Dauphin.	B	P	38
1 in-12	Vie d'Elisabeth Canori Mora.	B	S	142
2 in-18	Vie des écoliers vertueux, par Caron.	B	S	7
1 in-12	Vie de la Mère Emilie.	B	P	132
1 in-12	Vie du Père Engelvin.	B	S	123
1 in-12	Vie du Père Ephrem.	B	P	63
1 in-12	Vie des enfants célèbres, par Fréville.	B	P	40
1 in-8	Vie des enfants célèbres.	B	P	61
1 in-12	Vie de la Mère Emilie de Rodat, par Aubineau.	B	P	201
1 in-12	Vie de la Mère Elisabeth Rollat.	B	P	217
1 in-12	Vie de la Mère Thérèse de Jésus, par Houssaye.	B	P	220
1 in-12	Vie (la) en famille, par Mlle Fleuriot.	H	R	756
1 in-12	Vie (la) en famille et le moyen d'y revenir, par Mme Marcey.	P	L	100
2 in-12	Vie (la) des saintes femmes.	B	S	114
3 in-8	Vie (la) des saintes femmes.	B	S	37
2 in-8	Vie du cardinal Fesch, par Lyonnet.	B	P	17
1 in-8	Vie de Mgr Flaget, par Desgeorge.	B	P	43
1 in-12	Vie du bienheureux Pierre Fourier, par Chapia.	B	P	146
2 in-8	Vie de Mgr Frayssinous, par Henrion.	B	P	24
1 in-18	Vie de François-Philibert de la Feuillade.	H	R	342
1 in-12	Vie du frère Egidio.	B	S	136
1 in-8	Vie du frère Philippe, par Poujoulat.	B	P	99
1 in-12	Vie de François-Xavier Bianchi, par Baravelli.	B	S	135
1 in-12	Vie de la Bienheureuse Françoise d'Amboise.	B	S	125
1 in-4	Vie de Jean-Baptiste Gault, par Marchetti.	B	P	15
1 in-8	Vie de Gabriel-Marie.	B	P	40
1 in-8	Vie de J. Guigon, évêque d'Angoulême, par Michon.	B	P	88

1 in–12	Vie de Mgr Germain.	B P	41
1 in–12	Vie de l'abbé Gosselin.	B S	62
1 in–8	Vie de la Bienheureuse Germaine Cousin, par Veuillot.	B S	48
1 in–12	Vie de la Bienheureuse Germaine Cousin, par Veuillot.	B S	110
8 in–8	Vie du cardinal Giraud, ses œuvres, par Copelle.	R	53
4 in–8	Vie des grands capitaines, par Mazas.	B P	3
1 in–12	Vie de Henri Perreyve, par Gratry.	B P	184
1 in–8	Vie de Henri Boudon, par Collet.	B P	34
1 in–12	Vie de Henri Suzo, par Chavin.	B S	83
1 in–12	Vie et instructions de Jésus-Christ.	R	181
1 in–12	Vie et instructions de Jésus-Christ.	R	167
1 in–8	Vie (de la) intérieure, par Baiole.	R	66
1 in–8	Vie intime de saint François d'Assise.	B S	53
1 in–12	Vie de Mme Isabelle, sœur de saint Louis, par Danielo.	B P	81
1 in–12	Vie de la Mère Jeanne-Marie de Matel.	B S	126
1 in–8	Vie de Jeanne-Marie de la Croix, par Bède Weber.	B P	67
1 in–8	Vie de Jean-Joseph Allemand, par Gaduel.	B P	62
1 in–12	Vie de Jésus-Christ, par Peigne.	R	119
1 in–12	Vie de Jésus-Christ, par de Ligny.	R	118
2 in–18	Vie de Jésus-Christ, par Genoude.	B S	40
1 in–8	Vie de Jésus-Christ au point de vue de la science.	R	82
11 in–12	Vie des justes dans les plus humbles conditions, par Carron.	B S	27
2 in–12	Vie des justes dans l'état du mariage.	B S	27
1 in–18	Vie des justes dans l'état du mariage.	B S	18
1 in–12	Vie des justes dans la condition ordinaire.	B S	27
1 in–18	Vie des justes dans la condition ordinaire.	B S	18
1 in–18	Vie des justes dans la profession des armes.	B S	18
1 in–12	Vie des justes parmi les filles chrétiennes.	B S	27
1 in–12	Vie des justes dans la profession des armes, par Carron.	B P	123
1 in–18	Vie de Lassale, ou l'ami de l'enfance.	B S	33
1 in–12	Vie de Mlle de Lamouroux, par Pouget.	B P	68
1 in–18	Vie de Mlle Lambert de Barive, par Daniel.	B P	17

1 in-12	Vie de Mme de Laroche-Jacquelein, par Nettement.	B	P	140
2 in-8	Vie de Mme Louise de France, p. Proyart.	B	P	51
1 in-12	Vie de Mme Louise de France, p. Proyart.	B	P	43
1 in-8	Vie de la vénérable Louise de France, par Gillet.	B	S	71
1 in-12	Vie de Mgr Lautages.	B	S	61
2 in-8	Vie du Père Lacordaire, p. le P. Chocarne.	B	P	95
2 in-8	Vie de Louis XVII, sa captivité, par de Beauchesne.	B	P	58
1 in-18	Vie de Louis XVII, sa captivité.	B	P	8
2 in-8	Vie de Léon XII, par Arthaud de Montor.	B	P	24
3 in-18	Vie et lettres de Léonie.	B	P	63
3 in-8	Vie et lettres de Louise de Bourbon.	B	P	71
1 in-12	Vie de Leclair d'Aubigny, par Richard.	B	P	114
1 in-12	Vie de Lidwine, par Bruchman.	B	S	29
1 in-12	Vie de Liguori, par Gillet.	B	S	30
2 in-12	Vie du cardinal Mathieu, archevêque de Besançon, par Mgr Besson.	B	P	215
1 in-12	Vie de l'abbé Marchand, par Jacquenet.	B	P	111
1 in-12	Vie de Mme Seton, par Wilhe.	B	P	137
1 in-18	Vie de Mme Maës, par Parenty.	B	S	22
1 in-12	Vie de Marie-Angélique, par Boudon.	B	S	3
1 in-12	Vie de Marie-Anne de Jésus, par de Rignon.	B	S	100
1 in-12	Vie de Marie Lataste.	B	S	132
1 in-12	Vie de Marguerite-Marie Alacoque, par Languet.	B	S	2
1 in-12	Vie de Marguerite-Marie Alacoque, par Bougaud.	B	S	2
2 in-12	Vie de Marguerite de Lezeau, par Verdulle.	B	P	174
1 in-8	Vie de Marie Leckzinska, par Proyart.	B	P	52
1 in-12	Vie de Marie Leckzinska, par Proyart.	B	S	28
1 in-8	Vie de Marie-Thérèse de France, par Nettement.	B	P	29
1 in-8	Vie de Marie d'Agréda, par Croset.	B	P	76
1 in-12	Vie de Marie de l'Incarnation, p. Boucher.	B	S	121
1 in-8	Vie de la sœur Marthe.	B	P	82
1 in-12	Vie de Mlle Melun, princesse d'Epinay.	B	P	79
1 in-12	Vie de Mme de Miramion, par de Choisy.	B	P	69
1 in-12	Vie de Mme de Montmorency.	B	P	45
1 in-12	Vie de Mme Molé de Champlatreux, par Levet.	B	P	142
1 in-8	Vie de Mgr de la Mothe, par Proyart.	B	P	48

1 in-12	Vie de Mgr de la Mothe, par Proyart.	B H	44
1 in-12	Vie de M. Michel, confesseur de la foi.	B P	161
1 in-12	Vie du Père Muard, par Brullée.	B P	160
1 in-12	Vie de M. Dupont, par Janvier.	B P	209
1 in-12	Vie de Mᵐᵉ de Charmoisi, par Vuy.	B P	192
1 in-12	Vie de Mᵐᵉ de Nobletz, par Verjus.	B S	51
1 in-12	Vie de Sillery, par N. Brulart.	B S	78
1 in-8	Vie de M. Ollier.	B S	13
1 in-12	Vie de Pauline-Marie Jaricot.	B P	211
1 in-12	Vie de Pauline de Saint-André, par Briant.	B P	97
1 in-12	Vie des Pères.	B S	38
1 in-8	Vie des saints pères martyrs, par Godescard.	B S	23
14 in-12	Vie des saints pères martyrs.	B S	39
2 in-12	Vie des Pères du désert.	B S	38
10 in-12	Vie des Pères d'Orient.	B S	40
2 in-12	Vie des personnages célèbres du Christianisme.	B S	103
1 in-8	Vie du Père Antoine.	B S	24
1 in-8	Vie de J. Perboyre, martyr en Chine, par Leclère.	B S	11
1 in-12	Vie de J. Perboyre, martyr en Chine.	B P	130
1 in-12	Vie de Philippe de Gueldre, p. Guillaume.	B P	145
1 in-12	Vie de sainte Philomène.	B S	96
1 in-18	Vie de sainte Philomène,	B S	25
1 in-12	Vie du Père Potot.	B P	103
1 in-8	Vie et portrait de Pie IX, par Claver.	B P	41
1 in-12	Vie et portrait de Pie IX.	B P	118
2 in-8	Vie de Mgr Plantier, par Clastron.	B P	107
1 in-12	Vie de plusieurs saints monarques.	B S	41
1 in-12	Vie du Père Olivaint, par Clair.	B P	205
1 in-12	Vie du Père Millériot, par Clair.	B P	173
1 in-8	Vie de Mgr de Quelen, par Henrion.	B P	18
1 in-8	Vie du Père Herman, par Sylvain.	B P	104
2 in-12	Vie du Père Ravignan, par de Pontlevoy.	B P	166
1 in-18	Vie de M. de Renty.	B P	14
1 in-8	Vie de Mgr Retord.	B P	79
1 in-12	Vie (la) réelle, par Mˡˡᵉ Froment.	H R	573
2 in-12	Vie et révélations de sainte Gertrude.	B S	69
1 in-12	Vie de Rodriguez.	B S	59
1 in-12	Vie de sainte Rose de Lima, p. Hansen.	B S	122
1 in-8	Vie de la sœur Rosalie, par de Melun.	B P	69
1 in-12	Vie de la sœur Rosalie, par de Melun.	B P	139
1 in-12	Vie et royaume de Jésus, par Eudes.	R	120

1 in-12	Vie de Mme Rivier, par Hamon.	B	P	102
1 in-12	Vie de la sœur Sainte-Rose, p. Avrillon.	B	S	67
1 in-12	Vie de la sœur Saint-Pierre.	B	P	104
1 in-8	Vie des Saints de l'Ancien Testament.	B	S	10
1 in-12	Vie des Saints nouvellement canonisés.	B	S	53
1 in-18	Vie des Saints dans les plus humbles conditions.	B	S	18
1 in-18	Vie des Saints dans les plus humbles conditions.	B	S	28
5 in-4	Vie des Saints, par Godescard.	B	S	23
4 in-12	Vie des Saints.	B	S	45
2 in-12	Vie des Saints.	B	S	45
20 in-8	Vie des Saints.	B	S	23
3 in-8	Vie des saintes femmes.	B	S	37
2 in-12	Vie des saintes femmes.	B	S	114
1 in-12	Vie de Mme de Sévigné, par Walsh.	B	P	47
2 in-12	Vie de Mme Swetchine, p. de Falloux.	B	P	147
1 in-12	Vie de Mme Swetchine, ses méditations.	B	P	147
1 in-8	Vie de Mme Seton, p. Mme de Barberey.	B	P	106
1 in-12	Vie de Mgr Simoni, par Péronne.	B	P	157
1 in-18	Vie du bienheureux Valfré.	B	S	26
1 in-12	Vie du bienheureux Varani.	B	S	73
1 in-12	Vie de la sœur Véronique.	B	S	137
1 in-12	Vie de Victorine de Gallard.	B	S	58
1 in-12	Vie de Virginie, par Marin.	B	S	48
1 in-18	Vierge (la) chrétienne.	B	S	27
1 in-8	Vie de la vierge chrétienne et des Saints en Italie, par de Montrond.		R	18
1 in-18	Vie de la sainte Vierge, par Collin de Plancy.		R	97
1 in-12	Vie de la sainte Vierge méditée.		R	236
1 in-8	Vie de Voltaire, par Lepan.	B	P	19
1 in-12	Vie de Voltaire, par Lepan.	B	P	46
1 in-12	Vie des voyageurs, par Mme Voillez.	H	R	311
1 in-18	Vilhem, ou le pardon chrétien.	H	R	396
1 in-12	Vingt mille lieues sous les mers, par J. Verne.	H	R	1059
1 in-12	Virginie, ou la vierge chrétienne, par P. Marin.	B	S	48
1 in-18	Visites au Saint-Sacrement, par Baudrand.		R	98
1 in-18	Visnelda, ou le christianisme dans les Gaules.	H	R	346
1 in-12	Visnelda, ou le christianisme dans les Gaules.	H	R	197

1 in-12	Voies de la véritable vertu, par Leguai.	R	233
1 in-12	Voies (les) de la Providence, p. Sunder.	H R	297
1 in-8	Voie (la) de l'exil, par Giraud.	H R	170
1 in-18	Voix (les) d'en haut, ou le ciel et ses astres.	R	99
1 in-8	Voix (la) d'une mère, par Mlle Marie.	H R	74
1 in-12	Voix (la) d'une mère.	H R	464
1 in-8	Voix (la) de la solitude, par Devoille.	H R	17
1 in-18	Vol (le) de l'ange, par Lebon.	R	147
1 in-32	Volet (le).	H R	48
1 in-12	Volière (la) des enfants.	H R	389
1 in-12	Volontaire (le) de 1793, par Robert.	H R	1435
1 in-12	Volontaire (le) pontifical, par Allard.	H R	967
1 in-8	Voltaire apologiste de la vertu, par Mérault.	P L	24
1 in-12	Voltaire parmi les ombres.	P L	33
1 in-12	Voltaire et Rousseau, par Barthélemy.	H	125
1 in-12	Voyageurs (les nouveaux), par Mayne-Reid.	H R	1190
1 in-12	Voyageurs (les nouveaux), par Marmier.	V	120
1 in-8	Voyant (le), par Enjelvin.	P L	27
1 in-12	Voyages et aventures d'un Portugais.	V	88
1 in-18	Voyage d'un gentilhomme irlandais, par Maure.	P L	25
1 in-12	Voyage d'un gentilhomme.	P L	32
1 in-12	Voyage à Hippone.	V	41
1 in-18	Voyage à Hippone.	V	9
1 in-8	Voyage dans l'Hindoustan, par Perrin.	V	54
2 in-18	Voyage en Italie.	V	4
1 in-8	Voyage de J.-C. en Judée.	V	12
1 in-12	Voyage de Lapeyrouse, par Valentin.	V	33
1 in-12	Voyage de Levaillant, par Ligonet.	V	59
1 in-12	Voyage au Liban, par Aubrive.	V	106
1 in-12	Voyage à Madagascar, par Suchet.	V	103
1 in-12	Voyage de la mer Morte, par Sauli.	V	108
1 in-12	Voyage sur la mer du monde.	V	8
1 in-18	Voyage sur la mer du monde.	V	7
1 in-8	Voyages et missions du P. de Rhodes.	V	69
1 in-12	Voyage aux montagnes rocheuses, par Desmet.	V	51
1 in-8	Voyage de Nadir Sahah, 1840, 1843, p. Malo.	V	32
1 in-12	Voyage à Naples, par Mme de Bassonville.	H R	239

1 in-12	Voyage en Orient, par Poujoulat.	V	40
1 in-8	Voyage en Orient, par de la Rivière.	V	45
1 in-12	Voyage en Orient, par Poujoulat.	V	42
2 in-12	Voyage au pays des bêtes, par Mlle Benoît.	H R	820
1 in-12	Voyage dans la péninsule du mont Sinaï, par Laval.	V	107
1 in-12	Voyage en Perse, par Garnier.	V	48
1 in-8	Voyage pittoresque à Lyon, par Fortis.	V	58
3 in-12	Voyage de Polycrate, par Theïs.	V	35
5 in-12	Voyage aux Pyrénées.	V	36
1 in-8	Voyage aux Pyrénées.	V	67
1 in-18	Voyage aux Pyrénées.	V	6
1 in-12	Voyage en Afrique, par Orse.	V	96
1 in-12	Voyage en Australie, par Salvado.	V	104
1 in-12	Voyage en Abyssinie, par Lebrun.	V	27
3 in-18	Voyage en Amérique, par Bretton.	V	2
1 in-12	Voyage en Asie méridionale, p. Garnier.	V	25
2 in-8	Voyage en Asie mineure, par Poujoulat.	V	55
2 in-12	Voyage autour du monde.	V	28
1 in-12	Voyage autour de soi-même, par R. de Navery.	H R	1255
7 in-8	Voyage du J. Anacharsis, par Barthélemy.	V	13
1 in-8	Voyage du J. Anacharsis en Grèce, par Jouhaneaud.	V	35
4 in-12	Voyage du J. Anacharsis.	V	1
1 in-13	Voyage du petit Anacharsis, par Barthélemy.	V	2
1 in-12	Voyage du bas Languedoc, p. Montrond.	V	26
1 in-4	Voyage autour du monde, par Dumont d'Urville.	V	30
1 in-12	Voyage moderne, par Caillot.	V	32
3 in-12	Voyage au centre de la terre, p. J. Verne.	H R	1336
1 in-12	Voyage au coin du feu, par Forster.	H R	317
2 in-18	Voyage en Chine, par Campe.	V	3
1 in-12	Voyage de Colomb, par Irwing.	V	29
1 in-12	Voyage des compagnons de Colomb, p. Washington Irwing.	V	30
1 in-12	Voyage de Cook, par Lebrun.	V	31
1 in-12	Voyage d'un curieux dans Paris, par Aberive.	V	100
1 in-8	Voyage en Chine, par Doublet.	V	47
1 in-12	Voyages et découvertes en Afrique, par Lebrun.	V	6

1 in-12	Voyage en Sicile, par Campe.	V	72
1 in-12	Voyage dans une église, par R. de Navery.	H R	849
1 in-8	Voyages et découvertes d'outre-mer, p. Mangin.	V	71
1 in-8	Voyage en France, par Delatre.	V	39
1 in-8	Voyage de Gulliver, par Swift.	H R	11
1 in-12	Voyage en Grèce, par Auberive.	V	101
1 in-12	Voyage dans le grand désert.	V	102
1 in-8	Voyage dans les pampas d'Amérique, par Armagnac.	V	74
1 in-8	Voyage à Genève, par de Lalande.	v	22
1 in-12	Voyage dans les Vosges, par Chappiat.	V	125
1 in-12	Voyage au Sinaï, par Tesson.	V	93
1 in-8	Voyage en Suisse, en Italie, p. Doublet.	V	48
1 in-8	Voyage en Suisse.	V	52
1 in-12	Voyage au Spitzberg, par Campe.	V	73
1 in-12	Voyage dans les solitudes américaines.	V	110
1 in-12	Voyage dans le Soudan occidental.	V	117
1 in-12	Voyage de Sophie et d'Eulalie au palais du bonheur.	R	121
1 in-8	Voyage de la Trappe à Rome, p. Géramb.	V	14
1 in-12	Voyage de la Trappe à Rome.	V	36
1 in-8	Voyage dans la Vendée.	V	15
1 in-12	Voyageurs (les), par Mayne-Reid.	H R	1190
1 in-32	Vrai caractère de la dévotion.	R	17
3 in-8	Vrais principes.	P L	17
1 in-12	Vrai (le) pénitent.	R	230
1 in-12	Vraie (la) sagesse.	R	100
1 in-12	Vraie (la) et solide piété, par saint François de Sales.	R	104
1 in-12	Vue (de la) de Dieu sur la terre, par Pousset.	R	180
1 in-8	Voyages de Laharpe en Asie.	V	3
5 in-8	Voyages de Laharpe en Afrique.	V	4
5 in-8	Voyages de Laharpe en Amérique.	V	2
2 in-8	Voyages de Laharpe au pôle boréal.	V	5
9 in-8	Voyages de Laharpe autour du monde.	V	6

W

1 in-8	Wageto, ou le jeune sauvage.	H R	22
1 in-12	Wawerley, de Walter Scott, par d'Exauvillez.	H R	166

1 in-18	Wilfrid, par Lemercier,	H R	345
1 in-12	Woodstock, de Walter Scott, p. d'Exau-villez.	H R	170

Y

1 in-12	Yva et Yvette, par Mlle d'Ethampes.	H R	1074
1 in-12	Yvan le Terrible, par Tolstey.	H R	901
1 in-8	Yvan le Breton, par Walsh.	H R	125
1 in-12	Yvonne de Coatmorvan, par Mlle Fleuriot.	H R	977

Z

1 in-12	Zacharie, par R. de Navery.	H R	1078
1 in-12	Zélie, par Mme Carroy.	H R	171
1 in-18	Zodiaque chrétien, par P. Drexelius.		347

ADDITIONS AU CATALOGUE

1 in-12	Mouette (la), par Caballero.	H R	1598
1 in-12	Mer Rouge et Abyssinie, p. de Rivoire.	V	127
1 in-12	Marie-Amélie, reine des Français, par Trognon.	B P	221
1 in-12	Madame Nicanora Izarié, par Lesueur.	H R	1597
1 in-12	Peintre (le) à la violette, par Mlle Karr.		1596
1 in-12	Nations (les) frémissantes contre Jésus-Christ, par Lemann.	R	311

7038 — LYON Impr. Catholique, r. de Condé, 30. J.-E. ALBERT.